文在寅《ムンジェイン》の謀略

悟空出版

はじめに

二〇一九年（令和元年）十一月二十二日、韓国政府は「延長しない」と通告していた日韓GSOMIA（軍事情報包括保護協定）について、実際の失効直前に一転して「延長する」と表明した。その三カ月前、「さすがにGSOMIAにまでは手をつけないだろう」という内外の予測を横目に事実上の破棄を宣言し、今度は「このまま破棄は不可避だろう」と思われていたところを再び覆す結果となったのだ。

その迷走ぶりについては本書で述べていくことになるが、私は当時、とても印象的な経験をした。翌日、読売新聞から取材を受け、同月二十四日付の朝刊紙面に、他の識者のコメントと並んで要旨が掲載された。内容は、破棄の撤回が「日本政府の毅然とした態度で韓国側が降りたよい前例」であり、「今回の騒動は今後、米韓関係にも影を落とすだろう」というものだった。

問題は、この内容を引用して報道した韓国メディアに、非常に気になる点があったことだ。韓国を代表する通信社、聯合ニュースと、同じく代表的保守系紙の朝鮮日報（ともに電子版）を比較してみよう（訳は筆者、以下特に断りのない限り同じ）。

▼聯合ニュース（二十四日付）

（前略）保守性向の読売新聞は、嫌韓発言で物議を醸した武藤正敏元駐韓日本大使の発言を掲載して、安倍政権の外交成果を強調した。……（以下略）

▼朝鮮日報（同）

（前略）読売新聞は武藤正敏元駐韓日本大使の発言を報道しながら……（以下略）

聯合ニュースは、日本で言えば共同通信社に当たる大手通信社である。ただし、その報道内容はけっして中立的ではない。まず、資本構造が政権の影響を受けやすくなっていて、しかも労働組合の多数派は文在寅《ムンジェイン》政権を支持し、親北的なことで知られている民主労総（全国民主労働組合総連盟）傘下の言論労組（全国言論労働組合）所属である。

私は何度も繰り返しているが、自分が韓国そのものや韓国国民を嫌悪している意識など毛頭ない。むしろ、韓国国民を今の政権の姿勢とは切り離して考えるべきだと常々主張している。もっともそれは主観だから、私を見る他者の考えまで縛るわけにはいかない。

それでも、一国を代表する通信社が、読者の目にコメントの内容が触れる前にわざわざ「嫌韓」と枕詞を付けることは非常に剣呑であり、誘導的でプロパガンダ的な意図を感じさせる。

果たして聯合の配信記事をもとに、多くの新聞やネットメディア、テレビ局が「嫌韓発言で物議を醸した」というバイアスをそのまま流布した。残念であると同時に、恐ろしいことでもある。なぜなら、私の見解を読者が受け止める前に、「嫌韓派元大使」のイメージが作られ、言いたいことが歪められていくからだ。ところが私は、日本の保守派からは「韓国に甘い元大使」と呼ばれているのだ。

前著『文在寅《ムンジェイン》という災厄』（悟空出版）の上梓直前の二〇一九年七月十九日、韓国・中央日報に単独インタビュー記事が掲載された（同紙の日本語版には収録されていない）。中央日報も代表的な保守系紙の一角で、経済成長を重視する論調で知られている。

私は文在寅政権の問題点、「徴用工（旧朝鮮半島出身労働者）問題」、「慰安婦問題」に対する見解と解決法などについて、特に私が実際に見てきた戦後の日韓関係の流れ、そして日本がしてきた協力を強調しながらお答えした。そして、私が韓国語を話す「親韓派大使」から、現在では「嫌韓派」と見られていることについて、「日韓関係発展のために働いてきた私自身は愛憎を併せ持っている」と、気持ちのままにお答えした。

このインタビューに対する韓国人読者のコメント（同紙電子版）は、正反対の意味で印象的だった。批判的なものも当然あったが、いわゆる「共感」ボタンが多く押されたコメントは、冷静なものが目立った。共感数が多い順に趣旨をまとめると——

「日本は（かつて）間違っていたが、だからといって韓国がひたすら日本を非難し続けるのは隣国としてよくない／国交正常化以降日本も韓国のためにそれなりに努力してきたのに、韓国がそれを認めようとしないという武藤大使の言葉を考えてみる」

「文在寅が今回の事態の原因であるという言葉に共感する」

「武藤元大使の言葉のほうが、無用に国民感情に火をつけようとする（韓国の）マスコミよりも合理的だ／日本から受け取った資金で経済成長したのだから、その金で韓国政府が慰安婦の方たちや徴用者の方たちに十分な補償を与え、日本にはこれ以上求めるな」

これらが、上位三番目までを占めている。

中央日報のホームページに書き込むのは、おおむね同紙の論調に好意的な保守派の人たちだろう。それにしても、このように日本人が感じているような「反日」一辺倒のイメージとは違う人々が一定数存在することも確かなのだ。少なくとも文在寅政権の政策に対して、韓国国内の世論はいま大きく割れている。

私は仕事として人生の長い時間日韓外交に関わり、また外交官として韓国に暮らしながら、人々の姿、ものの考え方、そして韓国の変化と発展を見てきた人間である。その経験から、私は文在寅政権の誕生を当初から強く懸念していた。そして大統領をはじめ彼を取り巻く政権スタッフや与党が、二〇一五年慰安婦合意の実質無効化だけでなく、いわゆる「徴用工問題」への対応でこれまでの日韓関係を根本から崩壊させようとしたり、北朝鮮に対して目に余る迎合ぶりを示したりするのを見て、「この政権は日韓両国民にとって『災厄』であり、韓国国民は早く目を覚まし、民主的に政権交代を目指してほしい」と前著で述べた。そして、おそらく一定数が私の見解に同調し、今後の韓国の行く末を心配していると確信している。

政権と、政権を批判する勢力のどちらが、今後一般韓国国民、つまり政治に大きな関心を持ってはいないが日々の幸せと困難のはざまで暮らしている「普通の韓国人」の共感を得るのだろうか。もしかしたら最後になるかもしれない「決戦」が、まもなく始まろうとしている。同時に、一端は沈静化したかのように見えた日韓関係も、「徴用工問題」で日本企業の資産の現金化が行われれば、一挙に底の抜ける事態になりかねないリスクを抱えている。

本書では、満三年を迎えようとしている文在寅政権が何を考え、何をしてきたかを点検し、その中間的審判となる二〇年四月の韓国国会議員選挙を前に、これまでの動きをフォローしながら、彼らの「謀略」とは何なのかを考えていく。二〇年はこれまでにも増して、場合によっては韓国の運命を、そして日本と東アジアの秩序を激動させる年になるかもしれない。

文在寅の謀略　もくじ

第五章

大韓民国を終わらせるな……203

本文中、一部の敬称を略しました。

編集協力　増澤健太郎
装丁・デザイン　四方田 努
本文DTP　サカナステュディオ
販売　酒井謙次
宣伝　安田征克
統括マネージャー　岡 布由子
カバー著者撮影　太田真三
写真　アフロ

序章

「嫌韓派大使」と呼ばれて

『反日種族主義』

二〇一九年夏、曺国《チョグク》前法務部長官（法相）とその家族、親戚等を巡る疑惑が韓国国内を席巻し、日本でも大きく報じられた。いっぽう、韓国ではそれまで見られなかった現象が起きたことも、また記憶に新しい。日本統治時代に関するこれまでの韓国人の歴史観を正面から否定的に捉える書籍『反日種族主義』（李栄薫《イヨンフン》ほか編著／邦訳『反日種族主義 日韓危機の根源』文藝春秋）が、曺国氏のＳＮＳによる批判と、本書でもこのあと述べる輸出管理問題というタイミングもあったのか、この種の内容の書籍としては異例のベストセラーとなり、特に夏の時期はソウルのどの書店でも売れ行き一位にランクされていたという。

日本ほど書籍のマーケットに存在感がなく、人口も少ない韓国だが、報道によれば十万部を発行したそうだ。そして、日本語訳版は同年十一月に出版され、現在までに四十万部以上の売れ行きとなっているそうだ。

同書の内容は韓国で賛否両論を浴びている。「よく言ってくれた」という声もあれば、「歪曲だ、都合よく切り貼りしている」という強い批判も聞かれる。また研究者の見方は、「これまでの李栄薫元教授たちの主張から大きな変化はなく、学術的な意味での成果とも見なしにくい」というものだ。

私はこの本の内容を評価するつもりはない。元外交官、元大使として日韓外交を評論する立場であり、社会科学としての歴史に意見を述べられるような見識を持っていないからだ。ただ、現在の日韓関係を観察し、また憂慮している者として、「なぜ一九年の夏、韓国で『反日種族主義』が売れたのか？」という事実への関心は当然あるし、その現象を捉える日本人の考え方にも興味が湧く。著者たちの主張が以前からあまり変化していないなら、今回、社会の側にいくばくかの変化が存在したはずだ。

日本の読者のために説明しておくと、同書が韓国国内で売れたことをもって、「同書の趣旨が韓国内で一般化しつつある」「韓国が大きく、しかも急激に変化している」と考えるのは無理があると思う。現時点でも同書の主張はあくまでエクストリームとして捉えられており、わかりやすく言えば、反文在寅側の立場の人でさえ、ストレートに受け入れることは難しいはずだ。

ただ同時に、この本にあるような「日本の統治時代そのものはよくなかったとしても、同時期に経済成長が起きていたこと、慰安婦や徴用工、竹島問題などに対する韓国側の常識には問題もあること、韓国が戦後日本の支援を受け入れ、それを発展の原動力としてきたこともまた歴史的な事実だ」という意見は、いまに始まったわけではなく、私が特命全権公使として韓国に勤務していた〇六年当時、韓国で最高峰のソウル大学教授からすでに聞いていた。こうした意見は、この二十年ほどで少しずつ強まってはいるが、いまなおまだその途上に過ぎない。

韓国人とは立場の違う日本人一般に、このあたりの機微を理解するのは難しいと思う。

私が最近ある人から聞かされて印象的だったことがある。すでに教育を受け終えた韓国人にとって、『反日種族主義』の主張は驚きの連続であるが、それは内容面だけでなく、自らのなかに物心ついて以降かたち作られてきた歴史観、対日観、そしてそれらを元にした韓国国民としての愛国心や誇り、自分の心のなかに一貫して存在してきた故国に対する常識を根元から揺さぶるものなのだという。いままで自分が信じていたことのどこまでが真実で、どこから疑うべきなのか——それらが自分の頭のなかでどう絡み合っていて、それをどうほぐし、今後どのように結び直すべきなのかを再考する知的行為は、たとえ現政権に批判的な人であろうと、すでに出来あがっている韓国人としての自己が激しく動揺する「つらい作業」なのだという。

つまり、同書の内容が正しいとすると、かえって「刺激が強すぎて受け入れがたい」という問題も起こりえるのだ。

何が正しい歴史なのかは私がお伝えすることはできないが、歴史にはいろいろな考え方があることを韓国国民が理解してくれれば、現在や将来の日韓関係、なかんずく歴史絡みの政治問題に対処する際の助けになるだろう。ただし、そこまで急な変化は期待できない。『反日種族主義』の内容が正しいか誤っているかは別として、日本側からこの本の内容をもとに韓国人を問い詰めることは、繊細さを欠く以前に「消化不良」を招きやすく、必ずしも短期的な解決の助けにはならない。

それにしても、曺国氏による「逆宣伝」がベストセラー化への援護射撃になったことは皮肉であり、同時に韓国社会の断面を切り取っているとも考えられる。

曺氏は八月、青瓦台《チョンワデ》（韓国大統領府）の民情首席秘書官を辞任し、法相候補者に指名される直前、つまり一時的に民間人だった時点で、自身のフェイスブックで同書を評し「吐き気のする本」「安っぽい本」であり、「このような主張を提起する学者、および同調する政治家やマスコミ記者は反逆・売国・親日派だ」などと厳しく批判し、マスコミも大きく取り上げた。売れ行きが一段と加速したのはこの直後だったという。ちょうど、同氏のスキャンダルが発覚し、沸騰していく過程と時を同じくしていた。結果として、曺国氏にとっては迂闊《うかつ》だったということになろう。

「日本＝百％悪」という韓国での常識に、時間をかけてでも疑問を持ち、自らいろいろ検証しようとする人がひとりでも増えることを私は願う。そして、日韓関係や戦後を含む日韓の歴史を国内の政権闘争に利用し続けることがいかに危険であるか、気づく人がひとりでも多く現れることを期待する。

現時点での変化は小さくとも、『反日種族主義』が売れたこと自体は、その方向性においてポジティブなことと捉えたい。その点で、li国氏には感謝の言葉を述べなければならないかもしれない。

「一度も経験したことのない国」

「一度も経験したことのない国」とは、韓国では有名なフレーズだ。オリジナルは文在寅大統領の就任演説（二〇一七年五月十日）の冒頭。「いま私の胸は、一度も経験していない国を作ろうという情熱で熱くなっています」である。

この就任演説、いま読み返すと実に感慨深いものがある。

「選挙には勝者も敗者もなく、新しい大韓民国を引っ張っていく仲間」
「統合と共存の世の中を開く」
「すべての国民の大統領になる」

「青瓦台を出て光化門で勤務する」
「重要な問題は大統領が直接記者にブリーフィングする」
「大統領の帝王的権限を最大限分かち合う」
「(保守と革新の）分断と葛藤を終わらせる」
「何よりも雇用を作る」
「公正な大統領になる、特権と反則のない世界を作る」

……このような約束ごとに、「身を捧げて励む」と述べていたのだ。文在寅氏は、一度くらいこの演説を読み返したことはあるのだろうか。

ところで、いまや「一度も経験したことのない国」は、ある意味で達成されている。こんなに国民が分断され、雇用が貧弱で、コネが横行する不公正極まりない時代があっただろうか。なるほど、確かに経験したことがない……そんなブラックジョークになっている。

本書の重要なテーマは、文在寅氏自身だけでなく、政権、そして現在の韓国革新陣営の特徴である独裁的な手法、独善的な気質、そして、もはや節操すら失い自己の目的のために国の繁栄と国民の生活を犠牲にしかねない姿勢である。ブラックジョークでは済まされない、本当に「未経験の没落」を迎えてしまうかもしれない。

韓国国内でも、すでに政権や与党、革新系の「謀略」が知られ始めている。中央日報の「文大統領の『経験したことがない国』の終着駅はどこなのか」というコラム（パク・ボギュン同紙論説委員、日本語版一九年十二月十九日付）が参考になるので、要旨を紹介しよう。

◆同じ革新政権でも、金大中《キムデジュン》大統領と盧武鉉《ノムヒョン》大統領は市場経済の原理に忠実であった。これに対し、文在寅政権では左派経済原理に従い、古い社会主義政策が呼び起こされ、韓国経済は混乱と後退に陥った。

◆金大中大統領と盧武鉉大統領も南北問題に執着したが、守るべきところは守られた。しかし、文大統領の対北政策には卑屈があふれ、国のアイデンティティは傷だらけ。金大中、盧武鉉大統領の遺産に対する拒否であり脱線だ。

◆文大統領の目指すところは「一度も経験したことがない国づくり」だが、その具体的な形状を示していない。金炯旿《キムヒョンオ》元国会議長は「任期の半分が過ぎても文大統領が国をどこに導いていくのか、指向、終着駅が不明だ」という。

◆文大統領は長期政権を目指し、権力掌握と体制変革に執念を燃やしている。その実践はほとんど隠密に行われたが、曺国事件を境に、露骨にそれを実践している。金秉準《キムビョンジュン》元韓国党非常対策委員長（盧武鉉政権の青瓦台政策室長）は「仮面を脱ぎ捨てて、全体主義に

向かおうという意志を露骨に表している」と話している。

つまりこの政権は、文在寅大統領が就任式で掲げた目標を放棄したのだ。そうでなければ、最初から目指そうとしていなかったのである。文大統領は少なくとも就任演説では「積弊の清算」に言及していなかった。ところが就任後、内政における最大の課題を「積弊の清算」として、その結果、国内の対立を激化させた。いまにして思えば、文在寅政権は発足当初からその特質を露呈させていたのだ。つまり、独自の正義を貫き目標を達成させるためなら、何が犠牲になっても省みない極めて危険な政権だったということである。

ただ、政権初期は静かに策を進めていたのだが、曺国氏を法務部長官に任命した頃から、むしろ積極的に手中の権力を濫用するという姿勢が鮮明になってきたのだ。

私たちはいま、曺国氏のスキャンダルや泥沼化している政権と検察との争い、米韓の対立、さらに国会議員選挙において、これらの現実を見ていることになる。そして日韓関係はそのさなかで翻弄されている。

支持層しか見なくなった文在寅

文在寅大統領は記者を前にブリーフィングする代わりに、ときおり「対話」と称してマスコミの前に登場したり、新年の記者会見に臨んだりしている。二〇二〇年の年頭記者会見（一月十四日）は記者からの質問を自由に受けるという形式で行われたが、内容はこの政権の問題点を感じさせるに十分だった。

詳細は各章で触れていくが、要するに文大統領は、もはや政治的立場の異なる人たちと話し合ったり、違いを埋めて歩み寄ったりする気はまったくなく、「我が道を『ただひとつの正しい道』と信じて進む。だから信じなさい」と言っているのだ。

記者の質問も生ぬるく、ショーの片棒を担いでいるのではないかと疑いたくなる。少なくとも、就任当時の記者会見で約束した内容をどう捉えているのか、問うべきではないか。「大統領、統合と共存の世の中は作らないのか？」「もっと記者に直接ブリーフィングするはずではなかったのか？」「雇用はどうなっているのか？」「なぜ政権内や与党に公正さや特権を疑うようなスキャンダルが起きるのか？」等々――。

正直、セレモニー臭の強い記者会見だった。

文句ばかり言っているわけにもいかない。私は、この状況を次のように解釈する。

文在寅政権は「言葉」に意味のない政権だ。あるいは、自らの意図、意思、理想、正しさを実現するためなら、言葉を翻したり、濁したり、ごまかしたり、矛盾したりすることを何とも考えていない。この政権を論じる際はあくまで「行動」だけを見るべきであって、言葉を信じてはいけない。

もうひとつ加える。文在寅政権はもはや自分たちの支持層しか相手にしていない。分断を解決し、韓国の統合を計る気などまったくなく、支持層に利益を与え、無党派層をごまかし、ごまかしきれない勢力は敵対する存在として攻撃も辞さない。

「国内の争いごと」でさえこうなのだ。いわんや、日本に対して妥協したり、理解したりすることなど、この政権では起こりえない。当然、彼らが日本に語りかける言葉を信じてはいけない。対日政策の中身や方向性は、ひとえに対北政策、国内政策の都合によってのみ決まるのであって、本当に日韓関係を改善する気など最初からない。

昨年秋以降、日韓関係がやや穏やかになっている。表面上はその通りかもしれない。日本政府としては、隣国としてだけでなく、北朝鮮や東アジアを取り巻く関係で、そして経済面でも話し合うことが望ましいはずだ。しかし文在寅政権は、日韓関係を動かす際には自分たちの主張を日本側に呑ませる以外考えていない。彼らは国内の掌握、そして北朝鮮の動きだけを見ているからだ。提案のようなものは常に彼らの都合によってのみ行うのであり、日本の主張を受け入れようとする意思は最初からない。

「徴用工問題」について先に述べておこう。文在寅大統領は共同通信ソウル支局長の質問に対して、「日本政府は韓国国会の法案、そして原告市民団体が出した案の協議に応じるべきだ」という驚くべき回答を行った。

これはいくつもの意味で酷《ひど》い言い草である。

まず、日本政府が「日韓請求権協定を崩壊させかねない案はいかなるものも認められない」としている以上、この二案がそもそも協議の対象にならないことは明白である。それをわかっていながら「日本の非」を述べるのはおかしい。

韓国も困っているはずだ。だからこれまで幾度となく解決案を提案してきたのだろう。にもかかわらず、日本側に受け入れられそうな案を一度として出してこないとは、交渉をする以前の問題であり、話にならない。

そして、文在寅大統領自身が矛盾している。前年の新年記者会見（一九年一月十日）では、自ら「大法院（韓国の最高裁）の（徴用工問題）判決に韓国政府は関与できない」「日本は不満があろうと韓国の司法判断を尊重しなければならず、やむをえないという認識を持たなければならない」と述べていた。ならば、大法院以外のいかなる組織も司法判断を迂回するような案を日本政府に出せないではないか。文在寅政権が大法院の判決を後押しした段階で、日本が受け入れられる案は出せなくなっている。したがって「大法院の司法判断に問題があった」ことを認める以外、解決への道はないのだ。ただ、それは原告側に寄り添う文在寅氏としてはできないのであろう。

大統領が国内を分裂させた

私たちの目に映る文在寅政権の欠陥、つまり自己理念は強力に優先するくせに、無能で、いい加減で、反省もしないある種の「軽さ」は結局のところ、あらゆる分野で「災厄」をもたらしている。

政治面で言うと、積弊の清算に邁進し、過去の保守政権の業績を否定（「漢江の奇跡」の抹殺）した。加えて、発展に貢献した人たちを「親日派」として排除し、国論を分裂させた。さらには、革新派の意向ばかりに沿った政策を実践し、かえって経済低迷と北朝鮮との関係悪化を招いた。曺国氏スキャンダル辞任、ＧＳＯＭＩＡ破棄→撤回など、支持層の期待に反する結果ばかり招いてもいる。

そして経済面では、財政支出を増大させて経済のテコ入れをし、それでもやっと年率二・〇％の低成長にとどまり、雇用、輸出、投資などすべての面で状況が悪化、デフレの懸念も出始めている。

外交安保も酷い。最大の成果だったはずの北朝鮮との関係改善は、ハノイ（ベトナム）における米朝首脳会談決裂以降、米朝双方から「仲介者」としての役割を否定されている。にもかかわらず、依然として非核化から目を背け、国際社会の白眼視を尻目に制裁破りすれすれの抜け道的な宥和姿勢と政策を続けている。

他方、米国を中心とする安保体制から韓国ははっきりと距離を置き始めている。いったんは日韓GSOMIAを破棄しようとして、対米関係を悪化させた。文政権の対北姿勢は、「仲介者」としての立場を失うことと反比例して米国から離れ始めている。北朝鮮への個別観光を容認するとの方針転換は、厳密な意味で国連制裁に抵触しないと韓国は考えているようだが、北が非核化にまったく応じる気配のないなかで制裁を緩めることは、非核化に向けてマイナスであることは間違いない。それも、米国の意向を無視しながら進めようとしているのである。

日韓関係については目も当てられない状況だ。「徴用工問題」に対応しないまま、輸出管理問題を報復的措置と決めつけ、暗に支持者や国民を煽って対日不買運動や事実上の渡航自粛を行った。

本当に、何ひとつとして成果がない。

にもかかわらず、世論調査において、この政権の支持率はいまだに四十%以上もあるというのだ。

韓国の運命が決まる分水嶺

話を冒頭に戻そう。ここまで来ると、韓国マスコミの大半が私を「嫌韓派」と呼ぶことに、彼らなりの理由があることに気づかないだろうか。

文在寅政権は、すでに「堅い守り」をある程度実現している。詳しくは後述するが、立法に関しては懸案のかなりの部分を乗り越え、司法、行政の主要ポストを党派内で掌握した。国家情報院、国防部も押さえており、最後の「抵抗勢力」だった検察を分裂させて警察と戦わせ、政府と検察がためらうことなく正面衝突している。

しかし、政権は案外揺るがない。なぜならマスコミを押さえているからだ。「武藤の考えにも聞くべきところがある」という人をできるだけ増やさず、「嫌韓に変節した裏切り者でお馴染みの武藤」にしておくことが大切なのである。私の見解は、彼らにとってうるさく、邪魔で、場合によっては危険なのだと認識しているのではないか。

二〇年は、国会議員選挙の年だ。私は、この選挙が中期的、あるいは長期的な韓国の運命を決めかねないものになると見ている。

大切なことなので、あらかじめ結論を述べる。

国際感覚を失い、党派の事情で道理に合わない政策を押し通し、国民生活を追い込みつつある文在寅政権は、言ってみれば理念にのみ殉じる「国粋主義的な政権」である。

彼らは自分たちの理想実現、政治的な正しさを追求するために、韓国国内だけではなく、今後の東アジアの安全保障体制を一変させるリスクをも厭《いと》わない。北朝鮮に接近し、統一に近づくためであれば、周辺国を軽視し、この地域の現状変更をも恐れない危険性を備えている。彼らはそれを、心から正義と信じ、願っているのだ。

これは、戦後韓国が築いてきた繁栄だけでなく、民主化以降、韓国国民自身が作ってきた自由に対する重大な危機であると同時に、私たち日本人にも未体験のリスクと負担を強いることになる。

私は立場上、長い目で見た日韓関係の改善を望む。しかし、少なくとも文在寅政権はすでに日本どころか、米国からも離れることが目的化している。日韓関係など気にも掛けておらず、米韓同盟をうまく破綻させるための状況証拠、あるいは舞台装置程度にしか考えていない。ただ、そのようなことをいきなり国民にぶちまけて混乱を招くわけにはいかないので、少しずつ、気づかれないようにことを運び、段階を上げているのだ。

目覚めよ、普通の韓国人

私は『韓国人に生まれなくてよかった』（悟空出版）の序章において、「振り返ってみれば、二〇一七年のあのとき、北朝鮮の脅威よりも朴前大統領弾劾を優先し、怒りと不満にまかせて文在寅政権を選択したことが間違いだったと、韓国人が万斛《ばんこく》の涙を飲んで気づくことにはならないだろうか」と述べた。いまや、その具体的なイメージが湧いてくることが恐ろしい。

韓国国民が文在寅政権を選んだ行為は、北朝鮮、および米国との対抗上、北朝鮮を外交政策として利用している中国、ロシアの側へと知らぬ間に寄っていき、日本どころか米国からもはっきりと距離を置く結末を招く可能性が濃厚になった。つまり、韓国国民がいざ気づいてみたら、いつの間にかいわゆる「レッドチーム」の仲間になっていたという悪夢である。仲間ならまだいい。「レッドチーム」から下僕のように利用され、国富をひたすら吸い取られる状況にもなりかねない。

さすがの文在寅政権も、そこまでは言わない。なぜなら、いまそのようなことを口にしたら謀略があからさまになってしまうからである。ただ、勘の優れた人たちは、すでにこの政権の危険性に気づき、あるいは「反憲法的」「反自由主義的」「反大韓民国的」であることを見抜いて声を上げ始めている。そのような勢力に、革命政権を自任する文在寅政権は容赦しない。彼らも彼らで、正念場にさしかかっているからだ。

この状況を止められるのは、韓国人自身、それも「普通の韓国人」しかいない。より具体的には、無党派層の、ごく平均的な生活をしている一人ひとりの韓国人が、気づいて止めるしかないのだ。権力を握り、あるいはその周辺にいる「声の大きな人」が風を切って歩く流れが韓国では続いた。「文在寅大統領はそうではない」と信じていた人のうち、どれくらいが、文在寅氏こそ大声で党派の論理をわめく人たちの元締めであったことに気づいただろうか。あるいはこの期に及んでなお、肩をすくめ、「自分の人生には関係ない」と言って現実を見過ごすのだろうか。ここが、韓国の運命を分けるポイントになりそうだ。

日本にとってのメリットとは

いっぽう日本では、このような文在寅政権の韓国に対して、政府も国民もすっかり疲れてしまった。だが、これもまた文在寅政権のシナリオ通りと考えられる。

いま彼らにとって、日本は妥協する相手としてのメリットはあまりなく、北朝鮮問題をうまく運ぶため、対国内、そして対米、対中を考慮する際のコマでしかない。ややもすると、彼らの北朝鮮宥和政策のために、私たちは今後重い安保コストを支払うことになる。

文在寅大統領はうっかり口が滑ったのか、韓国ＭＢＣテレビで放送された『国民との対話』

（一九年十一月十九日）において、「GDPに占める韓国の国防費の割合が二・五％に近いいっぽう、日本は一％にもならないのは（韓国が）日本の安全保障に貢献しているからだ」と述べた。これだと、「日本は韓国と同じ水準（もっとも国際比較ではごく標準的だが）まで防衛費を増額し、韓国を頼らず自ら国防に責任を持つべきだ」という考えとも受け取れる。普段「右傾化し、軍事大国化が懸念される日本」という趣旨で批判することの多い韓国一般の考え方と矛盾すると思うのだが、同時に図らずも核心を突いている。

韓国が国防面で日米と協調しなくなれば、日本はどうなるのか、わざわざ私たちに教えてくれているとも考えられるのだ。

日韓はともに東アジアに生き、これまでさまざまな問題がありながらも分業で繁栄を分かち合ってきた。ここまで築いてきた関係を、「普通の韓国人たち」は本当に放棄しても構わないと決心したのだろうか。私にはそうは思えない。

彼らは「声の大きい人たち」を恐れていやいや不買運動に付き合い、ＳＮＳに写真を載せられないから日本旅行に行きづらいだけで、実は北朝鮮のことより日々の生活を改善し、景気をよくしてほしいと願っているのではないか。まして、日本だけでなく米国とも距離を置き、国際社会から不思議な目で見られることを望んでいるのか——いや、そうではないだろう。

微笑む大統領や彼を賛美するマスコミのせいで、本当は現状を把握するのが難しくなっているだけではないかと、私は感じる。

そして、日本では「韓国などどうでもいい」という気分がすっかり蔓延してしまったようだが、それでも私は、「普通の韓国人」がこの現状を認識することが、長い目で見れば日本人にも大きなメリットをもたらすと考えている。

曺国氏問題のときには韓国政治の混乱がずいぶん日本人の関心を引いたものだが、これからの韓国は、総選挙を経てそのとき以上の混乱、混沌、そして危機的状況に瀕するだろう。

第一章

国粋主義化していく韓国

韓国左派はすでに国粋主義化している

まず、二〇一九年後半以降、韓国国内で起きているさまざまな問題を点検していきたい。曺国前法務部長官（法相）の任命強行と解任、そしてＧＳＯＭＩＡを巡る顛末は日本のメディアでも比較的詳細に報じられたが、それは現在の韓国が直面する「国粋主義化していく文在寅政権」のごく一部しか捉えていない。

文在寅政権の特徴をもう一度整理すると、根幹には対北朝鮮宥和政策と、おそらく中長期的な「統一」（しかもそれは現実を無視し、豊かさと平和を夢想する北朝鮮の悪夢のような統一）だけが存在し、その他のテーマはすべて従属的ということだ。

朝鮮半島にとって統一は念願であり、いつか必ず達成されるべき夢であることは、おそらく世界の誰もが認めるだろう。ただ、核とミサイルを拠り所に国際社会を向こうに回している北朝鮮と妥協することは、逆に統一への道を閉ざすことになるだろう。なぜなら、「北朝鮮には非核化を求め、それが実現するまでは厳しく経済制裁を課し、条件が整ったところで統一を考えるべきだ」という意見で国際社会はある程度まとまっているからだ。

北朝鮮を見る国際社会の客観的な目は、いかに非核化を実現させるか、その一点にしか注目していない。にもかかわらず、文在寅政権はこの国際社会の関心事にコミットしていない。

少なくとも国際社会はそう見なし始めている。「非核化させるために経済制裁をしよう」と考え、行動している国際社会に対して、韓国は『非核化する』という相手の言葉を信じて、まずは制裁を緩和しよう」と訴え、白眼視されているのだ。

韓国は、一九年二月二十七、二十八日のハノイ（ベトナム）における米朝首脳会談までは、両国の間に入る「仲介役」、「朝鮮半島問題の運転者」を自任してきた。だが、結局米国も北朝鮮も、韓国から入れ知恵された情報をもとに会談に臨んだところ、双方のあまりのギャップに驚く結果となった。

米国は韓国から「北は非核化を進行させる意思が確実にある」と聞かされ、北朝鮮は韓国から「非核化の意思さえ示し、いくらかの材料を用意しておけば、米国の制裁を緩和できる」と聞かされていたのだろう。実際はどちらにも都合のいい情報しか伝えておらず、仲介役としては失格だった。いわゆる二枚舌外交である。

その後、米朝交渉が難航しているのは周知の通りであり、韓国はもはや両国から「用済み」「交渉の邪魔者」扱いをされているも同然である。ところが、韓国はそれを認識できないか、あるいは意図的に無視している。

文在寅政権は目と耳をふさぎ、朝鮮半島の平和、そしてその先にある「統一」という夢だけを語る。そして夢の実現のためなら、手段を選ばない。この展開は、文在寅大統領の独特な思考回路に踏み込んで行かなければ理解できないだろう。

これは、他の政策分野でも同様である。経済では「雇用を作る」と訴えるが、そこにあるのは夢のごとき掛け声だけで、客観的な分析力も、具体的な政策も持ち合わせていない。その結果、任期が進めば進むほど失政が顕著となり、反比例するように独善性が増していく。言い訳や言い逃れ、粉飾に明け暮れ、ついには権力を使って対抗勢力を封じ始める。もはや「やりたい放題」の様相を呈しているのだ。

韓国において、左派の政権は金大中、盧武鉉に続いて三人目であるが、文在寅政権は、金大中政権はもちろん、「師」である盧武鉉政権とも異なる。金大中氏は少なくとも資本主義を理解し、それを成長させようと尽力した。北朝鮮には北風ではなく太陽で接すれば、韓国に歩み寄ってくると純真に信じていたし、統一問題は大統領としての自分の原点と考えていた。盧武鉉氏は左派の正義を語り、統一にも熱心だったが、それでも米国を尊重し、自制はしていた。しかし、いまや文在寅政権は自分たちの正義、南北統一のためであれば、コストも厭《いと》わず「誰とでも戦う意思」を見せ始めている。これまでの革新政権のなかで、最もアグレッシブなのである。

「誰にも韓国に手出しさせない」

私も何度か述べているが、日本人読者のなかには、韓国が民族の悲願として将来の統一を追求することは当然としても、なぜ文在寅政権が北朝鮮に妥協的なのか理解に苦しむ人が少なくないと思う。正直に言えば、私もその一人である。

一口に「南北統一」と言っても、その形態はさまざまなパターンが考えられる。想像したくはないが、再び戦争になってどちらかが完勝しても統一されるだろうし、話し合いによって平和的に交渉した結果もまた統一になるかもしれない。すぐ同一の国になる方法もあれば、連邦制のような、あるいはひとまず境界線を維持し、人、物、資本の往来を制限する方法も考えられるだろう。

南北統一は、周辺国の安全保障環境を大きく変える。韓国主導で統一されるなら、統一韓国が自由と民主主義の国家となり、資本主義経済を取り入れ、米軍の駐留も続く。それは東アジアの平和と繁栄に資するだろうし、結果的に日米には（韓国にも）プラスだが、中ロは「パワーバランスが崩れてしまう」と感じるかもしれない。反対に、中国を背景に北朝鮮の影響力が強く残ったままの統一となれば、日米にはこれまでにない緊張が走ることは間違いないし、日本の安全保障についても再考せざるを得ない事態となるだろう。まして、大半の韓国国民は不安を感じるに違いない。

こうしたなかで、文在寅政権とその支持者たちが描いている「統一」の理想像とはいったいどんなものか。うわべのきれいな言葉だけではなかなか見えてこないが、彼らのうちのほとんどの政治的な出発点である八〇年代の民主化運動を考えることで、ある程度の方向性がわかってくる。


そのコア層は、現在「五八六世代」（現在五十代・八〇年代に民主化運動を戦った・六〇年代生まれ）と呼ばれている。政治的に台頭してきた九〇年代当時は「三八六世代（三十代）」だったが、それから二十年以上が経過したのだ。

彼らの多くは、いわゆるＮＬ系（民族解放系、National Liberation People's Democracy Revolutionの略）と呼ばれるグループの出身だ。時を経て社会の枢要に入り込んだ彼らの思考が、国際社会からは極めて異質に見える文在寅政権の政策に反映していると考えれば、実は理解しやすい。

ここで言う「民族解放」とは、朝鮮民族（つまり北＋南）が長年にわたる外国勢力からの支配、影響を排し、自主独立の国を打ち立てることを指している。近代の途中までは中国やモンゴルなどの王朝に朝貢し、二十世紀前半は日本に統治された。大韓民国こそ建国されたが、独立戦争に勝利したわけではなく、分断が固定化されたのに加え、朝鮮戦争後には事実上米国の影響下にあることを問題視し、そこからの究極的な脱却を理想とする。

彼らはまず、韓国の民主化に力を尽くすことになった。結果、八〇年代の終わりに現在の第六共和国憲法が作られた。文在寅政権は、それから数えて三度目の左派政権である。

この間、韓国は大きく経済成長したが、世界もまた変化した。韓国の民主化とほぼ同時期、旧ソ連や東欧が事実上崩壊し、東西冷戦が終わった。中国をはじめとする新興国の台頭で、米国の影響力は相対的に低下した――このような現象を「民族解放」への予兆であると解釈するのが現在の政権なのである。

彼らはなぜ北朝鮮に「夢」を見るのだろうか。北朝鮮に対する国際的な評価は、「非民主主義国」「世襲独裁国家」「極端な軍事偏重国家」であり、「さまざまな国際犯罪やテロに加担している国家」でもある。また、共産主義から派生した独特の「思想」を持っており、国力は非常に小さく世界の最貧国レベル、人権は顧みられず国民は苦労ばかり強いられ、グローバル経済という視点から見れば「全く国際的な経済活動には参加していない国」といったところだろう。国際社会における存在感は、核兵器とミサイル開発に裏打ちされた恫喝外交、瀬戸際外交だけに拠っていると言っていい。要するに、何ひとつ現在の価値観にそぐわない、奇怪な国家なのだ。
翻って、韓国は「成功した国家」と言える。先進国の条件を整え、OECDに加盟し、G20のメンバーであって、民主化を果たし、グローバル経済を基軸に経済成長を続けてきた。いまや一人当たりの豊かさは日本の八割、一人当たりのGDPは北朝鮮のほぼ三十倍だ。彼らが統一を希求することは当然としても、北朝鮮のような社会になれば韓国国民を不幸に陥れることになるのは、誰が見ても明らかである。

だが、NL系の思考は非常に独特だ。「北朝鮮の国家運営はどの国からも影響を受けない独立的で綺麗なもの」と彼らの目には映る。朝鮮民族の自尊心をくすぐるからだろうか、あるいは、戦わずして独立を与えられた劣等感に拠るものだろうか。いずれにせよ、NL系の人々は北朝鮮を見て「自らの力で国を防衛し、誰の圧力も受けずに国を作っている」と解釈する。いくら韓国が経済的に発展しようと、米国の影響下にあり、日本の支援を受けたような国は民族解放からはほど遠く、価値を認めることはできないのだ。

彼らの考えでは、「南北分断は冷戦時代の名残であって、必ず解消されなければならないのに、いまなお続いているのはおかしい」というロジックになる。そして、中国の台頭は魅力的に映る。米韓同盟は東西冷戦時代の置き土産であり、北とともに自主独立国家を作ろうとするときには邪魔になる。

彼らがこのように解釈していると仮定すれば、文在寅政権のこれまでの行いはある程度理解できるし、また今後の方向も読みやすくなる。付け加えるなら、日本における「左派」とは、かなり考え方や目標が違う点も知っておくべきであろう。

ここで、彼らの立場になって少し想像してみよう――朴槿恵《パククネ》政権のエラーにつけこんで国民感情に火をつけ、弾劾というこれ以上ない政権交代に成功した現在は、青春時代から夢見て来た理想を現実化し、世の中を変革する千載一遇のチャンスと映っているだろう。盧武鉉政権の失敗と挫折を知っている彼らは、よく学んでいる。けっして同じ轍（てつ）を踏まないようにしているのだ。

曺国問題と検察改革

以上の観点をベースに、曺国氏をめぐる問題、そして文在寅政権と検察との「戦い」を見ると、理解がしやすいのではないか。

まず、この間に起きた流れを、順を追って簡単に整理しておこう。

二〇一九年　七月　文在寅大統領、検察総長（検事総長に相当）に尹錫悦《ユンソギョル》氏を抜擢
曺国民情首席秘書官、法務部長官（法相）就任含みで辞任

八月　文在寅大統領、曺国氏を法相候補者に指名
曺国氏、親族の学校法人運営、子女の大学入学不正、投資関連などのスキャンダルが表面化、検察の強制捜査開始
文政権の不支持率、初めて五十％を超える（リアルメーター調べ）
九月　曺国氏、十一時間の釈明会見を国会人事聴聞会の代わりに開催
検察、曺国氏の妻を起訴
文在寅大統領、曺国氏を法相に任命
検察、曺国法相の自宅を家宅捜索
十月　曺国法相・検察改革への賛否デモがピーク、反対派が上回る
曺国法相、検察特捜部改革などの法案発表後、電撃的に辞任
曺国氏の妻、追加の容疑で拘束される
十一月　検察、曺国氏本人への事情聴取開始
起訴された柳在洙《ユジェス》・前釜山市経済副市長への特別監査「もみ消し」に曺国氏、あるいは青瓦台がかかわっていた疑惑が浮上
一八年蔚山市長選挙に青瓦台が警察を通じて介入していた疑惑が浮上
十二月　文在寅大統領、秋美愛《チュミエ》「共に民主党」前代表を法相候補者に指名

検察、関係する官公庁や警察組織などを相次ぎ家宅捜索
曺国氏の拘束令状却下、検察は在宅のまま起訴
検察改革法案（「高位公職者犯罪捜査処」設置法案）、国会を通過

二〇二〇年　一月　文在寅大統領、秋美愛氏を法相に任命
秋美愛法相、検察高官三十二人を人事異動
検察、曺国氏を追加起訴
秋美愛法相、ソウル各地検次長級など中堅検事中心に大人事異動
検察、蔚山市長選介入疑惑に関連し青瓦台関係者など十三人を在宅起訴
二月　秋美愛法相、蔚山事件起訴状の公開を異例の拒否

「青瓦台（文在寅政権）対検察」という大きな流れがそこにある。かねてより検察は政権交代、またはレームダック化に合わせて捜査対象を忖度する「政治検察」と考えられてきた。また韓国では歴史的に検察の力が強く、一般の捜査においても、警察は検察の指揮を受ける補完的存在に過ぎない。これらが「検察改革をしなければならない」と考える側の主な動機となっている。警察にとっては検察の支配を脱し、権限を拡張する好機であり、青瓦台の検察権限を弱める動きに協力的である。

そして、文在寅大統領自身には、個人的とも言うべき強い動機もある。人権弁護士として師と仰ぎ、政権当時は秘書室長などを務めて仕えた盧武鉉元大統領は、退任後、複数の親族が支援者から不正に資金を受け取っていた事件で自身も検察から聴取を受け、最終的に投身自殺を遂げた。支持者たちはこれを「検察による不当な捜査」によって追い込まれたと考えている。文在寅氏やその支持者たちにとって、検察改革を公約の目玉のひとつとするのは当然だったのである。

その具体策として、文在寅大統領は二人の法律家に任せようと考えた。一人目として、学生運動出身でソウル大学法学専門大学院教授の曺国氏を法相に据えること。そしてもう一人は、朴槿恵政権当時、国家情報院の大統領選挙介入事件を独断同然に捜査して左遷され、いわゆる「国政壟断事件（崔順実ゲート事件）」発覚以降は特別検察（国会での法案議決によって設置される政府から独立した検察）で捜査チームを率いた、尹錫悦《ユンソギョル》現検察総長である。

それがなぜ、尹総長率いる検察が曺国氏や文在寅大統領の側近たちを捜査するような、「青瓦台＋警察対検察」の構図になってしまったのだろうか。

「生きた権力にも厳しく臨め」

尹錫悦検察総長（日本の検事総長）の経歴は、就任前から文在寅政権内部、そして与党の称賛を浴びていた。「政治権力に屈しない正義の人」「検事の鑑」だったからだ。

文在寅政権は、巨大な権力を持っている検察を、自分たちに有利な方向に改革してくれる存在として、尹錫悦氏に注目した。朴槿恵政権当時、大田《テジョン》高等検察庁の平《ひら》の検事に左遷されたままだった尹氏を、最重要ポストのひとつであるソウル中央地方検察庁長に抜擢、さらに民主化以降慣例となっていた高等検察庁検事長の職を経験しないまま、尹氏を検察総長に任命した。異例の連続で、明らかに政権の意図を感じさせる人事だった。

文大統領は、「積弊清算」の捜査に尹総長を当たらせつつ、検察改革を内部から支援する役割を担わせる算段だったし、誰もが尹総長は協力すると考えていた。文政権は、すでに立法、司法、マスコミ、そして官庁や外郭団体を抑え、財界にもにらみを利かせている。警察は味方に引き込んでいる。検察は最後に残った「抵抗勢力」だった。

いっぽう、尹総長は司法試験に十回目で合格した苦労人だ。朴槿恵政権当時の左遷の顛末を後日国会で問われた際は、「指示が違法なのにどうしてそれに従うことができるのか。私は人には忠誠を誓わない」と答弁した人である。総長任命に際して文大統領は、「大統領府でも与党でも『生きた権力』に厳しく臨んでほしい」と訓示した。

「生きた権力」とは、前項で述べたような、レームダック化する前の政権、という意味と思われる。つまり現在の文在寅政権、文大統領自身、そして与党・共に民主党を指していることは明白で、自分たちは「政治検察」ではない検察を作るという心意気を示したのか、あるいは捜査などされるはずがないとタカをくくったのか、そのいずれかだったのだろう。

尹総長は、常々「人に忠誠を尽くさない」と公言していた。権力争いの状況を見て捜査するのではなく「法に従うのみ」という意味だと解釈できる。確かに、検察上層部に反対されようと、朴槿恵政権がレームダック化する前に国家情報院事件を捜査したのだから、その言葉、正義感に嘘はないだろう。文在寅政権や与党が尹総長をどう捉えようと、尹総長は特定の政治勢力を忖度することなく、憲法と法令に基づく正義を実現するために捜査を厭わない人だった。

そして、彼はこれまでも多数の公職者のダークな面を見てきたはずである。おそらくは、その経歴が政治に対して妥協しない使命を燃えさせたのではないか。

こうして、尹総長率いる検察は、当然のように「生きた権力」である文在寅政権の重要人物、曺国氏一家のスキャンダルに対して捜査を始めたのだ。犯罪行為に保守も革新もなく、「悪いことは悪い」ということだ。つまり、尹総長は「生きた権力であろうと厳しく臨め」と言った任命者・文在寅大統領の命令に忠実に従ったのだ。

次々と流れてくる捜査状況は多岐にわたっているが、とりわけ子女の不正入試に関する

尹錫悦検察総長（右）を任命した文大統領。その後飼い犬に噛まれることに。

事件は、わずか三年前に朴槿恵大統領の親友、崔順実《チェスンシル》の娘の大学入学に対してと同様の怒りを買った。特に、若者や彼らを必死に育てる親の反発は明らかだった。この層はこれまで、比較的文在寅政権を支持してきた層である。後述するが、彼らの参加するデモは、曺国氏を支持し、検察改革を叫ぶデモよりも明らかに大規模だった。

文在寅大統領は、自らの人事によって厳しい状況に追い込まれてしまったわけだ。

曺国氏は法相に任命されたものの、結局、検察改革法案を仕上げた段階で辞任した。このあたりは、政権や与党が主導したのか、あるいは曺国氏本人が決断したのかはわからないが、幕引き、あるいはダメージコントロールとしてはギリギリのタイミングだったと見ていいだろう。この時点では、あくまで怒りの対象は曺国氏であって、文在寅大統領の責任は任命面、あるいは曺国氏を擁護しようとする道義的な部分にとどまっていた。

文在寅大統領に迫る疑惑

ところが、一時静かになったかに見えた検察の捜査は、十一月に新しい展開を見せる。文在寅大統領本人に直結しかねない疑惑が複数、新たに浮上したからだ。

ひとつは、柳在洙《ユジェス》元釜山《プサン》市経済副市長が金融委員会（国務総理に直属する機関）の金融政策局長だった当時、複数の金融業者から金銭を受け取り、便宜を図っていた疑いがもたれた事件である。柳氏は二〇一七年に青瓦台の監査を受けたが、これが当時民情首席秘書官であった曺国氏の指示によって打ち切られ、もみ消されたというのだ。

柳氏は辞職後少し間を空けて、国会専門委員、そして釜山の副市長などに栄転していったが、一九年十月に収賄容疑で逮捕され、改めて青瓦台のもみ消し疑惑が浮上した。明確な理由なく監査を打ち切ったのは職権乱用に当たるとして、検察は曺氏の拘束令状を請求したが、曺氏は「法的責任はない」と争い、結局裁判所は「罪質はよくない」と指摘しながらも、「容疑事実は認められるが、逃亡や証拠隠滅の恐れがない」として、拘束を認めない判断をしたという。

この件を担当した判事は文政権に近いと言われているが、容疑の状況から令状請求は認められるだろうとの事前の予測が強かった。

これには、曺氏への捜査が今後青瓦台の「中心部」に及ぶことを見越した政治的な配慮が働いた可能性がある。なぜなら、もともと曺氏と柳氏の関係はそれほど深くはないからだ。柳氏は、文大統領の盟友であった盧武鉉元大統領の日程や儀典を担当する秘書官を務め、当時民情首席秘書官であった文在寅氏を「兄貴」とも呼ぶ関係にあった人物と言われる。監査打ち切りを曺国氏自身で判断したのか、文大統領その人か、少なくとも非常に近い周辺が求めたのかは不明であるが、どちらにせよ青瓦台が深く関わっていたのではないかと推測できる。なお、すでに別件で在宅起訴されていた曺国氏は、この容疑でも追起訴されている。詳細は今後、裁判で明らかになるはずだ。

次は、さらに深刻な疑惑だ。青瓦台が、警察組織を通じて一八年の統一地方選挙における蔚山《ウルサン》市長選挙に「介入」したというものだ。

選挙前の情勢では、現職だった金起炫《キムギヒョン》氏（野党、自由韓国党）が、支持率で対立候補を十五％程度リードしていたという。ところが、蔚山地方警察庁は選挙約三カ月前に金氏側近が業者と癒着しているとの容疑で捜索を始め、同一カ月前に送検した。これが打撃となったのか、金氏は落選した。当の側近は、翌年三月に「嫌疑なし」となっている。

当選したのは、与党、共に民主党の宋哲鎬《ソンチョルホ》氏である。人権弁護士で、文在寅大統領に非常に近い存在なのに加え、曺国氏も宋氏が一二年の国会議員選挙に出馬した際の後援会長である。宋氏はこの市長選挙で当選するまで国会議員選挙に六度、蔚山市長選挙に二度挑戦しているがいずれも落選しており、悲願の当選となった。

ところで、問題は結果的に犯罪とはならなかった金氏側近の捜査案件が、青瓦台から警察組織に情報提供され、事実上「下命」によって行われたのではないかという疑惑である。本当ならば、政権が公権力を使って選挙に介入するという、民主主義の根幹を破壊する極めてスキャンダラスな行為である。選挙を有利に動かすために政権が警察を使うなど、およそまともな民主主義国家ではあり得ないことだろう。「二〇年四月の国会議員選挙でも同じようなことが行われ、民意が曲げられるのではないか」と誰もが不安になる。

当時、青瓦台が警察庁と何度も接触していること、曺国氏率いる民情首席秘書官所属の特別監査チームが蔚山に行ったことも明らかになっており、「民情特別監査チームが別動隊として活動した」という関係者の証言も出ている。そして、この特別監査チームに出向して働いていた元検察捜査官は、尹錫悦総長に「申し訳ない」「携帯電話は初期化するな」という遺書を残し自ら命を絶っている。この携帯電話を巡って、回収した所轄警察署に検察が「押収捜索」をかけるということも起こっている。

この疑惑事件では、二〇年一月に青瓦台の白元宇《ペクウォンウ》元民情秘書官をはじめ、宋哲鎬蔚山市長や元蔚山地方警察庁長など十三人が公職選挙法違反罪、職権乱用などで在宅起訴されている。そして、さらに文在寅大統領の最側近の一人、任鍾晳《イムジョンソク》元青瓦台秘書室長も事情聴取を受けており、今後の展開が大いに注目されているのだ。

三つ目は、「ウリドゥル病院」に対する「優遇融資」問題だ。この病院はヘルニア治療で知られ、院長は故盧武鉉元大統領の腰の手術を施した医師である。ところが、財務状況が悪く倒産寸前であった。ここにも文在寅政権の中枢にいる人物の仲介によって、政府系の韓国産業銀行が一千億ウォン（約九十二億円）もの不正融資をしたという疑惑が持ち上がり、やはり検察が捜査している。

「検察大虐殺」をためらわない

検察が曺国氏個人から青瓦台全体に及ぶ事件に捜査対象を広げた意図はわからない。おそらく法に忠実に則り、「生きている権力」を恐れず捜査しているということなのだろう。

だが、それによって、韓国政府や文在寅大統領を直撃するスキャンダルになりかねない状況となってきた。

文大統領は自ら「生きた権力」でも厳しく臨むよう指示した手前、表だって検察の動きを否定しにくい。しかし、言行不一致なのは文政権のひとつの特徴でもある。このままでは政権が揺らぎ、革新陣営が夢見てきた変革が頓挫しかねない状況となって、検察に対する姿勢が厳しくなってきた。何せ先述した三つの疑惑を巡っては、青瓦台、首相の業務を支援する国務調整室、企画財政部（財務省に相当）や警察庁などの中央官庁、警察組織、釜山市や蔚山市など幅広い関係先に押収捜索が入り、大量のデータが押さえられている。場合によっては、三つの疑惑以上のものが出てくる可能性もあるのだ。

しかし、それでもひるまないのが文在寅政権である。

まず「攻撃」の第一弾として、文大統領自らが指名した尹錫悦総長率いる検察を、政権や与党が公然と批判し始めた。「野党と結託している」「結局、政治検察そのものだ」「検察改革を骨抜きにして組織を守るために動いている」というのである。しかし、これではあまりにもご都合主義に過ぎ、恥も外聞もない。

続いて取り組み始めたのは、検察に対する直接的な「人事介入」である。検察庁は法務部の下部組織で、大統領が直接任命する総長を除けば、基本的に検事は法相が人事権を持っている。ただし政治が検察に介入することを防ぐため、人事は総長なども出席する人事委員会で審議される。つまり、検察側の意見を聞いたうえで行うことが慣例になっているのだ。

曺国氏の後任法相はしばらく空席だったが、文在寅大統領は与党・共に民主党の前代表、秋美愛《チュミエ》議員を任命した。これは驚きの大物人事である。判事出身の秋美愛氏はけっして妥協しない人物で「突破力に秀でている」との評価があり、もし法相に任命されたら、それは「検察を無力化するための人事」とされていた。果たして、それは現実となった。

二〇年一月二日に任命された秋美愛法相は、その五日後に大検察庁（最高検察庁に相当）の部長、ソウル中央地検長など最高幹部三十二人の人事（昇進、異動）を発表した。事実上、検察側との事前協議はなしだった。

「生きた権力」を捜査していた幹部はほとんど地方へ異動となった。曺国氏一家の捜査を率いた大検察庁反腐敗・強力犯罪部長は釜山高等検察庁検事に、蔚山市長選挙介入を指揮した同公共捜査部長は済州《チェジュ》地検長に、これらの捜査を総括したソウル中央地検長は、「昇進」として法務研修院長に任命された。このほか、尹総長に近いとされる「参謀」たちも、次々とそのポストを変えることになった。これを評して朝鮮日報は「尹錫悦師団大虐殺」（同月九日付）、中央日報は「検察大虐殺」（同）と報じた。

続いて同月二十三日には現場を束ねる次長・部長級の人事を発表。「ウリドゥル病院」疑惑を指揮担当していたソウル中央地検第一次長、蔚山市長選介入疑惑の同第二次長、曺国一家疑惑の同第三次長、柳在洙監察もみ消し疑惑のソウル東部地検次長をすべて異動させるという内容だった。

かつて左遷人事を甘んじて受けたことを根拠に尹総長を引き入れようとした文在寅政権が、いまやそれをはるかに上回る報復、左遷人事を行っている。

国民に与えるネガティブなイメージを考えると、この粛清人事は政権にとっても非常にリスクが大きい。それだけに、ここまでやるということは、「検察をこのままにしておくと政権が倒れかねない」と彼らは考えているに違いない。かくも露骨な介入自体、後に捜査妨害、職権乱用として立件されかねないとも思えるが、それだけ文在寅政権は現在の検察を恐れているのだ。

尹錫悦総長のクビは飛ぶのか

こうなってくると、やがては文大統領が自ら任命した尹総長を解任するのではないかとも思えてくる。韓国の検察総長の任期は二年（再任なし）で、政権が交代すれば慣例として総長も交代する可能性もあるが、尹総長の任期は文在寅大統領の任期よりも先に満了を迎えるため、このままいけば、本来任期一杯まで務めることが自然である。ただ、政権との対立構造が誰の目にも明らかになっている以上、任期前に尹総長の座も危なくなるのではないかという予想もできる。

これは、文在寅大統領、そして青瓦台が「尹錫悦総長のクビを切れるのか?」ということでもある。ここまでの流れは、韓国国民なら誰もが知っている。自ら任命し、「生きた権力」が相手でもためらうなと叱咤した総長に迫られている苦況を、クビを切れば結果的に認めることになってしまうからだ。

尹総長の正義漢ぶりはよく知られているから、当然国民にも一定の人気がある。もっとも文在寅政権の熱心な支持者は手のひらを返して尹総長を目の敵にしているが、無党派層、野党支持層はかなりの数が彼を信頼しているのではないか。

そもそも尹総長は(表向きか否かはさておき)、政権が進めている検察改革を否定しているわけではない。立法はあくまで立法府の仕事だからだ。政治に逆らうつもりはなく、あくまで憲法価値を守り、法に従うだけの存在であることを自らに徹底して課しているように見える。そういう意味で、尹総長自身には隙がなく、表だって総長本人を攻撃しにくいのだ。

それならば、辞めさせる、あるいは自発的に辞めるよりも、尹錫悦氏にはそのまま総長でいてもらい、手足をそいで「無力化」することが文在寅政権にとって第一の選択肢となるため、結果的にこのまま尹氏は総長を続けるのではないだろうか。これが最も文在寅政権のダメージをコントロールできる方法であり、おそらく政権もそう考えているだろう。また尹総長も、あくまで任期一杯、するべき捜査をできる限り続ける意思があるように見える。

そして、文在寅政権側には、もうひとつ尹総長を「切りにくい」本当の理由がある。これについては最終章で詳しく述べたい。

独裁的捜査機関の完成へ

こうしたなか、二〇一九年の最後になって、いわゆる検察改革法案（「高位公職者犯罪捜査処」設置法案）が国会を通過し、検察の持っていた権力が、現在の刑事法体系になって初めて他の機関に分離されることになった。

実際の設置は今後になるが、「高位公職者犯罪捜査処（公捜処）」は、大統領だけでなく、国会議員、大法院長（最高裁判所長官）と同判事、憲法裁判所長と同判事、国務総理（首相）、大統領秘書室・国家安保室・大統領警護処・国家情報院所属などの高位公務員、検察総長、判事、検事、高位の警察公務員、将官の軍人、道・特別市・広域市など地方自治体のトップなどが捜査対象に含まれ、在職時に本人や家族がかかわった犯罪について、退職後でも捜査権限を持つ。なお、警察官、検事、判事については公捜処が直接起訴、公判維持ができる。

大統領や青瓦台は公捜処の捜査に介入できないが、そもそも処長を任命するのは大統領だ。

そして可決間近になって「毒素要項」とも呼ばれる条文が追加された。今後、検察や警察が高位公職者の捜査を行う場合、公捜処に通報しなければならなくなったのである。政権の意図がこのことをもってしても明らかになったと言うべきだろう。

これでは、公捜処が常に捜査情報を握り、政権に都合の悪い案件はもみ消しを図れるのも同然である。この仕組みで、果たして曺国氏のような事件の捜査は可能なのだろうか。

その代わり、政権に敵対的な高位公職者、端的に言えば国会議員、判事、検事、警察官などはいくらでも攻撃できることになる。

これのどこが「検察改革」か。政権与党の言うこれまでの「政治検察」とどこが違うのだろうか。結局は「積弊清算」専用の捜査機関になることは目に見えている。そもそも、今後は誰が「生きた権力」をチェックするのだろうか。

こうして、文在寅政権は、二度と保守政権をよみがえらせず、自分たちの政権をリスクにさらさない権力機関を完成させたわけだ。

公捜処のメンバーは、当然政権に都合のいい人、思想的に革新陣営を支持する法曹で占められるだろう。彼らが自分たちの理想を実現するためなら、法を恣意的に運用することをためらうだろうか。大いに不安である。

検察改革には一定の理由と背景があり、それ自体は広く国民の合意を得て行われるべきだった。しかし実際は、第一野党である自由韓国党（当時、二〇年二月十七日、保守系の結集によって新党「未来統合党」となった。以下同）を国会での議論に参加させない形で押し切ってしまった。これは、検察改革という国民の期待をうまく利用し、どさくさに紛れて自分たちに都合のいい権力機関を新しく作るという、独裁的な欺瞞そのものである。

割れる韓国、二分した世論

曺国氏のスキャンダルを含む文在寅政権の独裁的な振る舞いは、政権支持率を下降させるに十分だと私には映る。だが、実際はそこまで大きな影響を受けていない。左ページのグラフは、文在寅政権の世論調査における支持率・不支持率の推移だ（韓国ギャラップ調べ）。

高支持率を誇った政権初期からはかなり支持率が下がってはいるが、もうひとつの特徴として、二〇一八年末以降は支持・不支持ともほぼ拮抗した状態が続いている。対北朝鮮の平和ムードがほぼ失われたいま、この状況は、何があろうが文在寅政権や革新陣営を強く支持する「岩盤支持層」が四十％台存在するか、あるいは無党派の人々のなかにまだ文在寅政権を信頼している人、その危険性に気づいていない人が一定数いるかのいずれかであろう。

私は、後者の仮説がメインシナリオではないかと思う。というのは、グラフのなかで唯一バランスが崩れかけたタイミングが、一九年の秋だったからだ。すでに述べた曺国氏を巡る

文在寅政権の支持／不支持率の推移（韓国ギャラップ調べ　単位＝％）

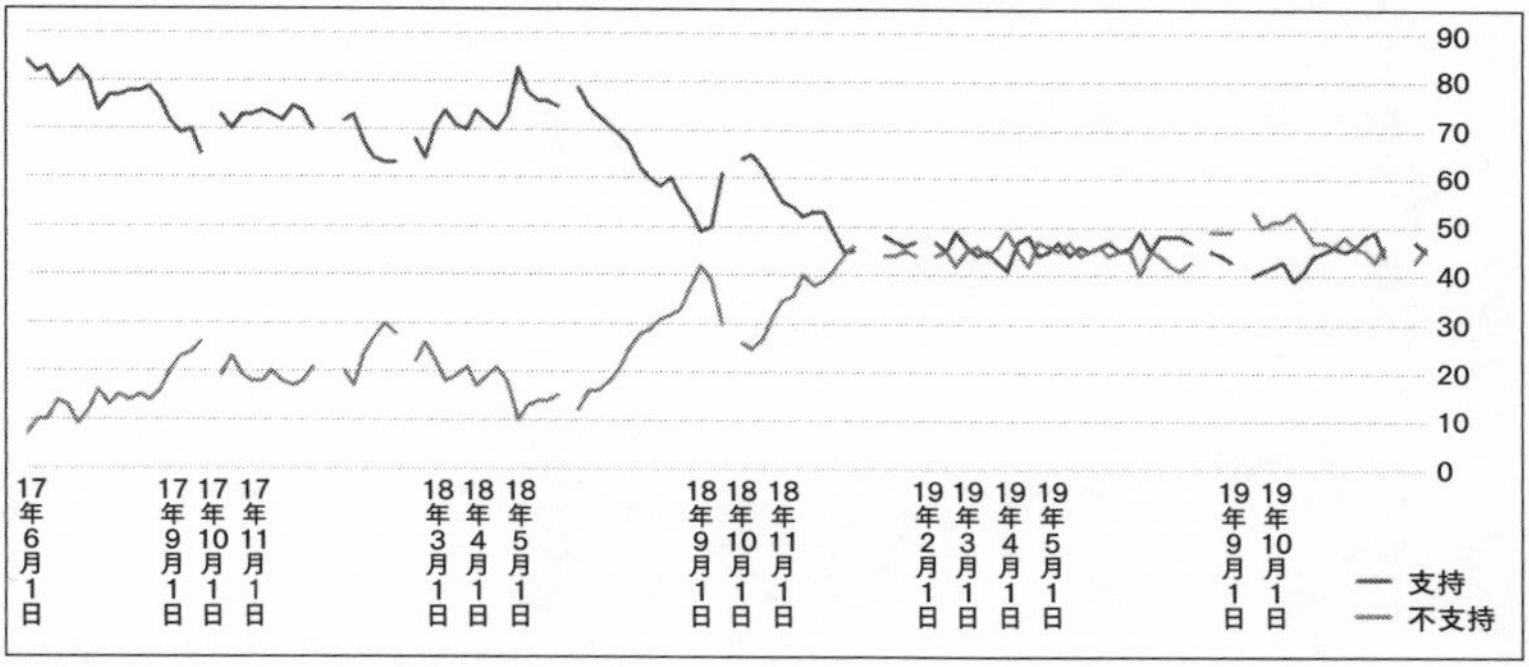

※空白部分は調査が休みだった週を表している

混乱で世論が揺れていた頃である。このグラフで見る限り、曺国氏の短期間での法相退任は文在寅政権にとって、無党派層が離れ、不支持がはっきり増えるような事態を招く前に「うまくコントロールした」という印象を持つ。

つまり、この一九年秋の動きこそ、文在寅政権の最大の弱点が露呈した、あるいは「普通の韓国人」が怒りを向けた最初のケースであり、かつ今後を見ていくうえで重要なヒントになると考える。

土曜日のソウルは、毎週と言っていいほど何らかのデモが複数開催されている。参加者は全国からやって来る。普段は数千から多くても数万の規模だが、たとえば朴槿恵前大統領を批判した「ローソクデモ」は、土曜日ごとに参加者が増え、後半は数十万人とも、数百万人ともいう数字が報じられた。デモは規模の大きさがインパクトに比例するので、主催者側はとかく数字を大げさに見せたがる傾向がある。参加者が多いほど、より人々の声を反映していると考えられるからだ。

一九年秋の土曜日は、ソウルの二カ所で大規模なデモが行われるパターンが定着していた。まず、江南《カンナム》側の瑞草区瑞草洞《ソチョグソチョドン》にある大検察庁前を中心に広がった、与党・共に民主党も加わる「曺国守護／検察改革」を訴えるデモ——文在寅氏の支持層で、「曺国氏に対する検察の捜査は政治的であり、やり過ぎだ」として、検察改革の必要性を説いている。

もうひとつは、デモの開催場所として最も知られている光化門《カンファムン》（旧朝鮮王朝の王宮・景福宮《キョンボックン》の正門に当たる）広場で開催されている、保守系団体や政党を中心に「曺国退陣」と文在寅政権の批判を訴えるデモだ。これまでも、いわゆる「太極旗《テグキ》集会（太極旗すなわち韓国国旗を振ることから）」と呼ばれる、主に朴槿恵前大統領の支持者を中心として弾劾無効・釈放や文在寅政権の批判デモが行われていたが、曺国氏のスキャンダル以降、政権を批判する参加者の層や団体が広がり、曺国氏の子女に対する不正入学や私的ファンドを巡る不正疑惑などを受け、大学生や高校生、その親なども集まるようになったという。

真っ向から主張が対立するデモは、互いに集まった人数で正当性を訴えるようになった。

光化門前で繰り広げられた反文在寅デモ。参加者は親文在寅デモの4倍だった。

九月二十八日の瑞草洞デモ主催者は参加者数を「二百万人」と訴え、共に民主党も追認した。しかし、保守側はその数字が大げさで、「報道写真と現場の面積から割り出せばせいぜい五万人程度ではないか」と反論し、「それなら最近の光化門には曺国退陣を叫ぶ人が三百万人集まっていることになる」と主張した。

数百万という主張はさておき、これでは「言った者勝ち」にも思える。ところが十月十二、十三日の朝鮮日報は、ビッグデータを元に両集会の参加者を推計する記事を掲載して注目を浴びた。携帯電話の基地局に接続されている端末数を、デモのピーク時と通常時の平均で比較し差を出すという手法だ。それによれば、九月二十八日に瑞草洞で「曺国を守れ、検察を改革せよ」と訴えている集会の参加者はおよそ七・六万人と推計されるのに対し、十月三日（土曜ではないが開天節の祝日）に光化門広場で行われた「曺国退陣」デモの参加者は約三十二・二万人（十二日付の推計。翌日の同社記事では四十六・六万という推計もあった）で、四倍以上の差があるという。光化門周辺は、一六年秋の一連の朴槿恵弾劾デモ以来の人出になった。

この結果を受けて、政権、与党、曺国擁護派は、「普通の人々」が曺国氏の行動を批判していることを悟ることになり、世論調査でも不支持が支持を十ポイント近く上回る結果となった。曺国擁護派はこれ以降参加者の数字の発表をあまりしないようになり、民主党も公式にはデモに参加しないことになった。そして曺国氏の辞任を受け、瑞草洞デモの主催団体は、十一月二日以降大規模集会を開かないと宣言し、幕引きを図った。

このことは、デモに長けている革新陣営に一日の長があったかもしれない。

世論調査は信じられない

このように、国論が真っ二つの状態から文在寅政権批判側に傾き、見放している層が増えているようにも感じられるが、先ほどの韓国ギャラップ世論調査でもわかるとおり、支持率・不支持率の差は十月三週がピークで、その後は再び拮抗する様相になっている。個人的には非常に不思議に感じる。

韓国の世論の動向を判断するには世論調査結果しかないが、韓国国内でも最近、世論調査の信頼性に対して疑問の声が上がるようになった。

そのきっかけは、もうひとつの世論調査会社、リアルメーターの数値が「政治家のクレームによって反転したのではないか」という話だ。

二〇一九年五月二週、リアルメーターは与党・共に民主党と自由韓国党の支持率が「誤差の範囲」まで接近したという調査結果を発表したところ、共に民主党代表の李海瓚《イヘチャン》氏が「間違っているのではないか」と批判した。すると、次回の調査では十ポイント以上の差がつく結果となった。大きな材料もないのにここまで数字が動くということは、調査の質が悪いか、恣意的に結果が歪められたか、そのどちらかだろう。

さきほど、文在寅大統領の支持率が依然として高い理由について考察したが、もしかすると、ここでも世論調査に仕掛けがあるのかと疑いたくなる。国内世論の分断、対北朝鮮外交の失敗、曺国法務部長官の辞任、ＧＯＳＯＭＩＡ破棄の撤回と、「岩盤支持層」が失望する事態を続出させておきながら、支持率がほとんど下がらないのだから不思議だ。

なかには「調査時に与党に批判的と思われる層（年齢、地域など）をあらかじめ除く」、あるいは「かつて与党に好意的な回答をした電話番号を記録しておいて、再度かけているのではないか」などという噂もある。そもそも回答率があまりにも低い。

ただし、あくまでも世論調査なので、標本は全国民の世論を反映するよう、一定の補正が行われているというが、そこを「悪用」し、その数値自体を「調整」することで与党に好ましい結果を作れる可能性もある。いずれにしても、四十%台を固く保持しているように見える文在寅政権の支持率にも、何らかの理由で「ゲタ」が履かされている可能性を考えておくべきなのかもしれない。

強気の理由は支持率への誤解か

そのような疑問に答えてくれる調査報道が、中央日報（二〇一九年十一月五日付）に掲載された「怪しい世論調査」と題した記事だ。

要するに、文在寅氏を選挙当時支持した人は棄権を含む有権者全体の約三十一%だったのに、最近の世論調査の標本で当時文大統領に投票した人の割合を見ると、場合によっては五十%を超えているというのだ。これなら、当然支持率は高くなる。この記事では、他にも質問の選択肢を誘導的に設定する手法なども述べられている。

また、興味深いのは、標本が歪曲されているかどうかは別として、韓国の世論調査では、政権与党支持者は積極的に回答するいっぽう、政権批判派、野党支持層はそうではないことがあるのだという。「世論調査で肯定的な答えをする行為が支持している政権をサポートすることになる」という意識があるそうだ。

記事は、朴槿恵政権当時、「選挙の女王」と言われた朴前大統領が惨敗を喫した前回の国会議員選挙（一六年）の直前も、同様の経緯で朴槿恵政権が実態以上に強く支持されている世論調査が出ていたとしている。この選挙では、朴槿恵大統領が自らに近い候補者を優遇して公認し、そうではない人を公認しない行動に出た。結果は思わぬ敗北となり、政権のレームダック化を早めただけでなく、与党、保守層内に現在まで続いている分裂を生む大きな契機になった。その是非はともかくとしても、朴槿恵大統領自身が世論調査を見て、「強気に出ても勝てる」と判断し、情勢を見誤った可能性が考えられる。

その後、いわゆる「国政壟断事件」に対するデモが急速に広がった理由のひとつに、この総選挙がしこりとなり、保守層、保守系マスコミの一部に当初朴槿恵氏を見放すようなムードがあったことも見逃せない。

ということは、現在の文在寅政権ならびに与党も、知らぬ間に世論調査会社の忖度を受け、実態以上に高く出ている支持率を見て安堵し、朴槿恵氏と同様に戦略を見誤って、強気の方向へ舵を切っているのかもしれない。

文在寅大統領は、二〇二〇年の新年辞（一月七日）で「公正は私たちの経済と社会を囲む空気のようなもの」として、公正な国を作ると強調したが、同十四日の新年記者会見では、朴槿恵氏について「いままで体験した苦労、それだけでも心に大きな負い目を感じている」とも述べ、なお擁護するような姿勢を見せている。

「普通の国民」には「不公正」の代表的人士に映る朴槿恵氏に対してここまで踏み込むのは、よほど朴槿恵氏を愛しているか、支持層への効果しか狙っていないと受け取ることもできるが、同時に自分が案外世論から支持されていると誤解し、強気になっているのではないだろうか。

国論は二分されているが、実は政権批判側のほうが多数ではないのか……いまは判断ができないが、選挙結果ではっきりするはずだ。二〇年総選挙については最終章で考えたい。

スキャンダルに負けない政権基盤

別の面からも、国粋主義化を強める文在寅政権の内実を考えてみよう。

一言で言うと、彼らは「守りに強い政権」である。立法府ではすでに文在寅支持派が優勢を占めている。それに加え今年四月の総選挙では、青瓦台で要職を占めた約七十人の元秘書官ら側近を大挙して擁立するという。これは与党内でも文在寅支持派を強化しようということである。行政府も局長以上の人事を革新系の闘士が掌握していて、文大統領の意向がすみずみまで浸透する体制が完成している。国家情報院、国防部、警察を「改革」し、いま、最終段階として検察に直接手を入れている。もはやチェック・アンド・バランスは無効化されつつある。

本来なら、ここで奮闘しなければならないのがマスコミだ。しかし、一部の保守系を除き、マスコミは文在寅政権に極めて従順である。

二〇一九年十一月十九日夜、文在寅大統領は韓国ＭＢＣテレビで『国民との対話』と題する約二時間の討論番組に出演した。私はＢＳフジの討論番組『プライムニュース』の同時中継に呼ばれ、その様子を見守った。

しかし、厳しい質問はまったくなく、マクロ的な政策判断を問うでもなかった。スタジオには「誰でも参加できる」と称し、希望者一万六千人から選ばれた三百人の聴衆が集まっていた。いわゆるタウンミーティング的な雰囲気だったが、文在寅政権の失政をただす質問は、「最低賃金の引き上げによって生活が苦しい」という声だけであった。これは誰もが認める文在寅政権の失敗の典型例である。さすがにこの質問が出なければおかしい。しかし、それに対する文在寅大統領の回答は、「国会での支援策の審議が遅れている」だった。明らかな責任転嫁である。

そして、大きな問題につながらない身の回りのテーマや、得意な検察改革の話題に持ち込む。安全保障に至っては、学生が「自分は兵役に行かなくて済むのですか？」という質問をして、笑いを誘うような流れを作っていた。

このように、雰囲気作りは非常に長けている。司会者は記者ではなくラジオ番組で人気のパーソナリティが務め、大統領は笑顔を絶やさず、途中で上着を脱ぐパフォーマンスなども披露する。どうしても大統領が「いい人」に見えてしまうように演出が行き届いているので、視聴者のなかには「否定的に考える自分が間違っているのか」と感じる人も出てきそうだった。つまり、文大統領の好感度をアップさせるためのショーとしては、実によくできた番組だったのである。

ただ後日、案の定と言うべきか、参加者のなかに文在寅氏の「大物ファン」が混ざっていたことが暴露されている。これではタウンミーティングではなく、人気タレントのファンミーティングと同じではないか。

「大本営発表」を行う青瓦台と韓国マスコミ

前著でも指摘したが、韓国のマスコミ、とりわけ強い影響力を持っているテレビメディアが、事実上政権への批判をほとんどしなくなっている。それこそが、文在寅政権の強みなのだと、私は考える。スキャンダルがあろうと、テレビメディアを使ってダメージをコントロールし、負のイメージを直接抑えることができるのは大きい。

KBS（韓国放送公社）、MBC（文化放送）、SBSの三大地上派、YTN、聯合ニュースTVなどのニュース専門局は、経営においても現場を仕切る労組にしても、革新系の影響力が強い。朝鮮日報系のテレビ朝鮮や東亜日報系のチャンネルAなど、そうではない局もあるが、多勢に無勢である。

そして、青瓦台そのものが、自分たちに都合のいいニュースを大げさに表現したり、都合の悪い事実をわざと省いたりしてブリーフィングすることが、すでに世界中に知れわたっている。また、米ホワイトハウスと青瓦台の発表が、表現も内容も相当異なることは、もはや韓国外では常識だ。最近では、バンコクでの安倍首相と文大統領の「立ち話」を巡る一件、GSOMIA破棄撤回と輸出管理を巡る日韓政府の発表を巡るやりとり、そして、一九年末の日中韓サミットで中国側との交渉を巡るトラブルなど……。

このように青瓦台が継ぎはぎの公式声明を発表していることは、日本国内でも知られるようになってきた。要するに、日本人にわかりやすく言えば「大本営発表」なのである。

ここで考えなければならないのは、「大本営発表」を韓国のテレビメディアがほとんどそのまま受け取り、国内に流しているリスクだ。日本の輸出管理の意図を取り違え、GSOMIA破棄決定を支持していた韓国世論が、なぜGSOMIA破棄撤回にもあっさり理解を示すのか――それは、「韓国政府が押し切り、日本政府が輸出管理問題で譲った」という印象を強調し、都合よく報道したからだ。

謀略がバレたら攻撃を仕掛ける

また、事実歪曲の典型例として、日本の自衛隊機に対するレーダー照射問題がある。世界中の軍事専門家はみな「韓国の主張は事実のねじ曲げ」だとわかっていると思うが、韓国国民は政府の「大本営発表」だけを知らされ、「日本の自衛隊機に非がある」と信じている。これでは日韓関係の真実を理解し、関係改善に向けた動きを期待するのは無理である。

それに先立つ十一月四日、タイの『ASEANプラス3』の会談待機場で安倍晋三首相と文在寅大統領が立ち話ならぬ「座り話」を行ったが、ここでもまた、「日韓関係を一時的にうまくコントロールしている」と国内向けに見せたい韓国側が、安倍首相を呼び込み、勝手に写真を撮影してメディアに撒くという行為まで行っている。撮影者はカメラマンではなく、鄭義溶《チョンウィヨン》青瓦台国家安保室長で、予告なしにスマートフォンで撮影したのだという。記念のスナップならまだしも、その写真を断りなくメディアに配布するのは、外交儀礼的には考えられない行為だ。

こうしたやり口はあくまでも国内向けであり、安倍首相と会談したことを装っても日韓関係がよくなるはずはない。むしろ、不信感を募らせるだけである。しかし、体制維持のためだけに、こうして文在寅政権は韓国人を平然と騙すのだ。

青瓦台はニュースをコントロールし、テレビは政権の圧力を受けてこれを支持する姿勢を示すあまり、ネガティブなニュースにはなるべく触れないようにする。そのようなメディアに国政の重要課題を認識する力、政権の問題を指摘する力があるはずもない。むしろ、彼らは謀略の表面化を遅らせ、事態を悪化させる方向に加担しているのだ。そして、一日わずか十数分のテレビニュースしか視聴しない「普通の国民」は、簡単に誘導されてしまうのである。

ところが、検察との対決姿勢のように、隠しきれなくなったこと、天下にさらされてしまった陰謀については、この政権はためらうことなくその対象に攻撃を仕掛ける。

それを止めるには「普通の国民」である有権者の総意しかないが、恐ろしいのは、彼らがある日突然「国粋主義の真っただ中」にいることに気づくことだ（あるいは政権がある限り気づかないのかも知れないが）。

これについては、中国共産党の歩みから学んでいるという考え方もある。鄧小平は牙を隠して力をつけたが、習近平はもはや謀略を隠そうともしなくなっている。隠密にことを運び、体制が整ったところで、あるいは知られてしまった時点で開き直るのだ。

考えてみてほしい。民主化の闘士を気取り、正義を語り、親日派をこきおろしていた曺国氏は、学生当時どうだったかはともかく、いまでは権力をかさにきて利権をむさぼる俗物であり、子女に学歴を積ませるため、仲間内で偽の推薦状をやりとりするような人間であると指摘されている。彼らは長年革新陣営にいて、民主化を戦ってきたことを誇り、また周囲にもその点で自分たちを尊敬させようとしているが、いまやただの堕落した「ファッション左翼」にすぎない。

フェイスブックやインスタグラムでいくら美文を弄《ろう》し、ミクロ的な正義を激しく語っても、汚い手を使っている人間にそのような資格のないことは、法律家の曺国氏ならよく知っているはずである。

「江南左派」が謀略に気づくとき

アメリカで言う「リムジン・リベラル（リムジンに乗れるような裕福な暮らしをしながら、社会的立場としてはリベラルを語る人々を批判的に捉えた概念）」に相当する言葉として最近、韓国では「江南《カンナム》左派」という層が語られる。

江南とは、ソウル市の中心を東西に流れる漢江《ハンガン》の南側、一九七〇年代以降急速に開発された新市街で、なかでも江南、瑞草《ソチョ》、松坡《ソンパ》のいわゆる江南三区は、大企業の経営者や幹部社員を中心に、近年成功したアッパーミドル層や上流階級の集住する地域となっている。

成功し、巨万の富を蓄え、きれいに整備された町並みに建つ時価数十億ウォン（数億円）のマンションに住む五十代も、三十年前は民主化の闘士であり、その支持者だった。彼らは明らかに経済成長の恩恵を受けているのだが、気持ちはいまだ左派を支持している。「商売は商売、政治は政治」という心持ちなのかもしれないが、要するに左派を支持していることがイメージとして「かっこいい」「社会的に正しい」という精神状態だという分析もある。少なくとも、文在寅政権が表向きに標榜している「平和」「公正」といったキーワードには積極的に反応する層だ。

学生運動世代が最も経済的に成功した世代でもあるというのは、やや皮肉でもあり、また問題を複雑にしている。同時に、より若い層は、江南左派の中核をなしている五八六世代やそのフォロワーたちを厳しい目で見つめている。結局、彼らが古い支配者に成り代わって君臨しているだけなのではないかということだ。

当時の民主化運動が正しかったとしても、五八六世代は変質した。昔の看板だけを磨いて自慢しながら、裏でコネクションを駆使して不正に手を染め、指摘されれば拳を振り上げるのでは、ただの偽善者である。彼らもまた、曺国氏一家と同じ穴のムジナと考えたほうがいい。

これは私も最近知って驚いたのだが、日本貿易振興会アジア経済研究所の二階宏之研究員のレポート『韓国の大学入試制度の改編』によると、いまや韓国最高峰の国立大学、ソウル大学でさえ入試における随時募集（日本で言う推薦・ＡＯ入試のような制度）の比率が八割に迫り、私たちがニュース映像などで見る一般入試（大学修学能力試験）を経て入学する学生は約二割しかいないという（二〇二〇年入試計画ベース）。他の有力大学もおおむね似たような状況らしい。

これだと、高校生のうちにいかに「スペック」（ここでは自己推薦書に書けるような実績のこと）を積めるかがポイントとなり、その実績はほぼ親の経済力に比例することになる。曺国氏の子女の不正入学に対する疑惑はその端的な例で、「スペック」を証明する書類を、知り合い同士で都合し合っていた疑いがかかっているのだ。年頃の子どもを持つ親であれば、怒りを抱いて当然だろう。

私には、江南左派たちこそ文在寅政権の謀略の対象となっている最も危険な層に見える。北朝鮮を助けた先にやって来る「平和経済」などという美しい言葉が、いつ「朝鮮民族のためであれば、いかなる犠牲を払っても構わないはずだ。さあカネを出せ」という論調に変わるかわかったものではない。それでなくとも韓国経済は傾き、ビジネスは厳しくなりつつある。さらに江南に対しては、すでに不動産価格上昇への対策が始まっている。（１４２ページ参照）

文在寅政権の失政によって近い将来、韓国経済は深刻な状況を迎えるだろうが、韓国のマクロ経済が急に崩壊することはよほどの大事件でもない限り考えにくく、ゆっくり、じりじりと悪化していくことになる。その生活ベースのしわ寄せは現在のところ、江南左派の中心よりもっと若い世代（民主化とは直接かかわっていない四十代以下）に集中している。

つまり、失政の結果、より多くの有権者が文在寅政権を批判するようになるまでは、ある程度のタイムラグが予想される。そこに、前述した御用マスコミの問題も加わる。

なんとなく政権を支持しながら豊かな生活を楽しんでいる江南左派たちが、謀略に気づいて「裏切られた」と思うようになるまで、あとどれくらいかかるのだろう。短いことを祈るばかりだ。

高校生を追い込む左派教師たち

韓国ではすでに謀略に気づいている層も現れ始めている。ソウル市にある仁憲《インホン》高校の生徒たちがその典型であろう。

日本でも報じられたので細かい経緯は割愛するが、まとめれば、同校の教師たちが生徒にマラソン大会で安倍首相を批判し、あるいは反日をけしかけるスローガンを叫び、体に巻き付けることを強要したり、ポスターを持たせたりした事件で、この高校では他にも、不買運動への参加をけしかけるなど、同様の事例が複数あったという。

しかし、教師は「学校生活記録簿」（日本で言う調査書のようなもの）を握っているため、大学の随時募集が済むまで生徒たちは表だって抵抗もできない。そのことを恥じながらも、生徒有志が教師の反日行為強要を告発するに至ったという出来事だ。当事者の高校生のインタビューは『文藝春秋』の二〇二〇年一月号に収載されている。

ここにはいくつもの論点が隠されていると思う。まずは、さまざまな思考を養い、知識を得るべき子どもに対して、教師が自らの政治信条を、成績や大学入試を盾に強要しているという問題だ。日本との関係を冷静に考えるか、「反安倍」「ノージャパン」と言うかは、あくまで生徒の判断で行われるべきだろう。こうした教育現場での不正行為が、全教組（全国教職員労働組合）の教師の手で広く行われていると思うと実に恐ろしい。教育が左派国粋主義の再生産の現場になっているのだから。

もっと恐ろしいこともある。もはや自浄作用など望めない体制が出来あがっていることだ。生徒の教師に対する抵抗運動は教師側から「極右」呼ばわりされ、本人は社会奉仕活動をさせられ、親が呼び出されたりもしているというのだ。生徒側はソウル市教育庁に訴えたが、理由を付けられて却下されてしまった。韓国では、教育庁のトップである教育監は公選制で、現在は当然与党の人物である。つまり周辺にはどこにも「出口」はなく、世論に呼びかけるしかなくなっていたのだ。

これも検察改革と似た構造だ。すべてが明るみに出てしまったのなら、彼らは強権をためらいなく使う。政権や左派教師の「洗脳」が早いか、それとも、この学校の生徒のように、自ら考え、調べる力を身に付けるほうが早いのか――ここは文在寅政権で加速している教育現場での「思想改造」の最前線である。また、それは反日だけでない。同様に親北、反米、反保守教育も行われているのだ。

朝鮮日報（一九年十二月三十日付）によると、二〇年度から高校で使われる「韓国史」教科書八種で、いわゆる「漢江の奇跡」の記述を縮小しているという。その時代の負の側面として描くいっぽう、民主化の過程を強調する内容になっているというのだ。

「漢江の奇跡」とは、当時の朴正熙大統領が日本との国交正常化資金を活用し、一人当たりのGDP三万ドル超という現在の水準に引き上げるきっかけとなった経済成長の原点だ。それを否定的に捉えるのなら、もう一度、産業化前からやり直すべきではないのか。文在寅政権や左派の学者、教師たちは、成長の果実だけはこっそり手にしておいて、歴史の真実を曲げようとしているのである。

全教組としては、朴槿恵政権時に潰されかけた記憶があるため、その反動も加わっているのだろう。いずれにしても、教育の現場で信条を押し付けるのは独裁国家の手口である。

先進国において、何が正義かを決めるのは個人の権利である。「反日親北」を教えるのなら、同時に北朝鮮の人権の現状についてもデータに基づいて教育するべきではないのか。自分たちが選んだものだけを正義として教えるのは、単なるご都合主義である。これは文在寅政権の姿勢そのものだ。

国粋主義化していく統一問題

文在寅政権の「国粋化」の特徴は、海外勢力の影響を受けない統一を至上命題とし、そのためであればどんな犠牲も厭わない点だ。これは、ストーリーとしては成立するかもしれないが、実際はまったく計算できない代物である。

文在寅大統領はさかんに「平和経済」というキーワードを強調するが、北朝鮮と経済が結ばれても、北朝鮮の現在の経済状況では負担が増すだけだ。第一生命経済研究所の首席エコノミスト・永濱利廣氏によれば、一九九〇年に東西ドイツが統一した際の一人当たりGDPの格差は二倍だったのに対し、現在の韓国と北朝鮮の格差は二十倍以上にもなる。

北朝鮮には現代のグローバル経済に対応できるようなインフラも生産設備もなく、労働者は技術を持ち合わせていないばかりでなく、勤労意識にも欠ける。経営感覚もない。統一で人口が七千五百万人になれば内需が拡大するというが、むしろ韓国の財政を圧迫するだけである。北朝鮮の豊富な資源も、人口百万人以下ならば国を豊かにできるかもしれないが、七千万人を超える国では焼け石に水である。

南北関係は次章で詳しく触れるが、文在寅政権の考え方は、二〇一九年にGSOMIA問題で注目された金鉉宗《キムヒョンジョン》青瓦台安保室第二次長に象徴される。彼の考え方はいわば民族主義、朝鮮民族至上主義であり、統一の栄光のためなら米国にも立ち向かうし、国際協調など重視しない。どのような手練手管も正当化される。

だが私は、今後どのようなことがあろうと、韓国革新系の夢想する「自主独立」という理想は成立しえず、熱望すればするほど経済は崩壊し、国際的には国粋主義的に見られるようになり、やがて大きな間違いへと結びついていくだろうと予測する。

ごくシンプルに考えてほしいのだが、現在の国際社会において北朝鮮に擁護的な姿勢を取るだけで、自由主義国であればどんな国であろうと警戒心を持つだろう。ところが、国粋主義化すると、そのような雰囲気がまるでわからなくなるようだ。むしろ、それ自体を韓国に対する攻撃と見なしてしまうのである。

二十一世紀の現在、民族自決自体を疑う人は多くない。しかし、輸出で成長してきた韓国、そして今後の朝鮮半島が、人口や経済規模の面で国際社会の流れをうまく活用していかなければならないことは、おそらく永久に変わらないだろう（日本も同様であるが）。そこを無視し、いくら民族の自主独立を叫ぼうと、それは害悪となって国民に戻ってくるだけである。

文在寅政権率いる現在の韓国は、まるで「武器を使用しない軍事クーデター」のようだ。いくら自らの思想を正しいと信じ、その実現を熱望しても、それが絶対的、教条的になった瞬間、国家としての運営は立ちゆかなくなるだろう。

現在の韓国革新系は、いわば「革新絶対主義」に陥っていて、合理的な政策を考えられなくなっている。反日反米、朝鮮半島の自主独立が、本当に「普通の韓国人」に豊かさをもたらしてくれるのか。検察でさえ断末魔のうめきをあげようとしているいま、疑問の声を上げるために残された時間は長くない。

第二章

レッドチームに加わる韓国

韓国が抱えた外交・安保のリスク

この章では、韓国という国が文在寅政権を選んだことに伴う外交・安全保障上のリスクを述べていくが、初めに結論を述べておく。

韓国人は二〇一七年に文在寅政権を選んだ。その際、外交や安全保障を意識して選択した人がどれくらいいただろうか。朴槿恵前大統領の弾劾を受けての選挙戦だったから、少なくともそれが主な選択条件にはなっていなかっただろう。

そして文在寅政権を選択した結果、いま起きている状況が、私にはこう見える――この政権は、北朝鮮問題、南北関係だけを軸に据え、その意図を詳しく説明しない、あるいはあえてしないまま行動している。自由主義国の価値観とは違う方向に行っているからである。その結果、国際社会においては、日本はおろか米国や他の西側諸国と次第に距離を置き、一時的な安全保障のために中国、そしてロシアにさえ接近している――。

つまり「レッドチーム」に引き寄せられているのが、韓国の現状ではないのか。

韓国人がこの話を聞いても理解できないだろう。「そんなはずはない。多少問題があろうと米韓同盟は強固だし、中国とはあくまで経済を中心とした関係がメインだ。韓国は米中の間で、難しいながらもそれなりにうまくやっている」と。

私は、多くの韓国国民がそう「勘違い」している時間こそが、文在寅政権にとっての「勝負の時」なのだろうと見ている。まずは反日を、次いで少しずつ米国との「摩擦」の強度を強め、押したり引いたりしながら米国からの離脱、自主独立へと国民感情を誘導し、やがて米国に立ち向かうには「中ロと一時的にせよ組まねばならない」という世論を形成しよう、ということである。

朝鮮民族が他のいかなる国からも影響を受けず、南北が統一すること――それこそが左翼国粋主義者にとっての正義であり、そのために「まずは米軍に朝鮮半島から出て行ってもらいたい」というのが文在寅政権の本音であろう。しかし、現実には米韓同盟によって国は維持されているわけで、いきなり決別となれば大多数の国民が不安に思い、反発する。だから、目立たないように段階を踏んでいくしかない。

では、具体的にはどうするのか。

徒手空拳で米国と強気に渡り合うわけにはいかない。米国がネガティブな反応を強めれば、国民に不安が一気に広がるからだ。したがって、常にギリギリのラインで矛を収め、様子を窺いながら徐々に米国離れを進めていく。それを繰り返しながら、いっぽうで中ロを引き込み、北朝鮮との協力、関係改善が見えた時点で米国と手を切ることを念頭に置いているのではないか。

文在寅政権にとっては、反日はおろか、反米も正義だ。したがって「米国頼みの安全保障体制には正当性がない」と信じている——それが私の悪夢である。

荒唐無稽に見えるかもしれないが、南北を軸に、韓国が対米、対中でどのような行動に出ているかを点検すれば、理解してもらえると思う。いっぽうでそのような文在寅政権の目論見を無視するかのように、ベトナムでの米朝会談以降は北の態度が目に見えて悪化し、もはや文在寅政権を相手にもしていない。米朝交渉では、韓国の存在感がなくなっている。「レッドチーム」に寄っていく韓国の姿は、国際的には手の内をすべてさらしたカードゲームのプレーヤーのようだ。実情を知らないのは韓国の国民だけなのではないか。

文在寅の一方的なラブコール

文在寅政権の看板政策であり、ここまででほぼ唯一の「成果」に見えた「南北平和（北朝鮮宥和）政策」は、ハノイ会談以降、現在まで何の手応えもないようだ。手を変え品を変え、あれこれ機会があるごとに北朝鮮にメッセージを投げかけてはいるが、返事はつれなく、先方からは罵詈雑言ばかりが届けられている。

文在寅政権のラブコールにはいろいろなパターンがある。「東京オリンピックでの南北合同入場、共同チーム」といった現実性のありそうなものもあるが、「二〇三二年のオリンピック南北共同開催」、「開城《ケソン》工業団地再稼働」、「金剛山《クムガンサン》観光事業の再開」、「鉄道や道路の連結」は、たびたび言及こそしているものの、国際社会からの視線は冷たく、当の北朝鮮もゼロ回答を繰り返している。「一人当たりのGDPで日本をはるかに凌駕する」と意気込む北朝鮮との「平和経済」に至っては、ただの夢想としか思えない。

こうしたやり取りはある意味日常化しているし、うまく行かなければマスコミが報じないので、韓国国内ではあまり気がつかれていない。

ただ、文在寅政権には運の悪い出来事もあった。二〇二二年サッカー・ワールドカップアジア二次予選の北朝鮮対韓国のゲームが、こうした状況のなか一九年十月十五日に平壌《ピョンヤン》で開かれたのだ。

予選のマーケティングの権利はあくまで開催国の判断に拠るという。北朝鮮は、この試合を無観客、テレビ中継なし、マスコミもシャットアウトすることを選択した。韓国ではサッカーは非常に人気があり、加えて北朝鮮との「コリアンダービー」は注目度が非常に高かったが、結局どのテレビ局でも中継されないという残念な事態となった。北朝鮮は韓国から放映権料は取っていたようであるが、韓国人は、チキン片手にビールを飲みながら応援するという、いつもの楽しみを奪われてしまったのだ。

試合は結局0‐0の引き分けだったが、出場した代表選手たちも大変な苦労をしたようだ。北側はラフプレーが目立ち、大韓サッカー協会の崔英一《チェヨンイル》副会長は「無観客試合をはじめ、呆れる状況が続いたが、北側の説明はまったくなかった」と述べ、キャプテンの孫興民《ソンフンミン》選手（トッテナム）も「ケガをせずに帰ってきただけで幸い」（いずれも中央日報日本語版・同二十一日付）と感想を語っている。

それでも、無観客試合となったことについて韓国の金錬鉄統一部長官は、「韓国からの観客を入れなかったので、公平を期して北朝鮮の観客も入場させなかったのだろう」と庇《かば》っていた。まったく呆れるばかりの認識である。

代表チームがこのような扱いを受けた韓国の一般的な国民は、北朝鮮とオリンピックの共同開催などありえないとの感想を抱いたようである。

北朝鮮はさらに韓国を圧迫してくる。同月二十三日には金正恩《キムジョンウン》国務委員長自ら、韓国側がさかんに再開を提案していた金剛山の南側観光施設の撤去を指示したのだ。

金剛山は北朝鮮にある景勝地である。そこにあるホテルやゴルフ場などの施設は、金大中政権の「太陽政策」の一環として、一九九八年に現代《ヒョンデ》グループ（当時）のオーナー会長、鄭周永《チョンジュヨン》氏が平壌を訪問し、許可を取り付けたうえで建設された。南側からは多数の観光客がツアーで訪れていたが、〇八年に誤って立入禁止区域に入ったとされる韓国人女性観光客が、北側の兵士に射殺される事件が起き、それ以降は中断され、放置されていたのだ。

文在寅政権はこれを再び活用しようと呼びかけていた。一八年九月の南北首脳会談（平壌）で、「金剛山観光と開城工業団地を再開することで合意していた」というのが、韓国側の主張である。しかし、朝鮮中央通信によれば、金正恩氏は金剛山を視察し「韓国側の施設は撤去する必要がある」と述べた。また、金剛山が南北関係の象徴と見るのは「誤った考えである」とも語った。「金剛山は北朝鮮の国土であり、韓国側が仕切るべきではない」と主張したようだ。

要するに、北朝鮮は文在寅氏が進めようとしている協力をすべて否定しているのである。

北朝鮮を庇い続ける韓国

こうした韓国の動きを見つめる国際社会の目は冷ややかだ。国連制裁の範囲内でしていることにはとやかく言わないまでも、隙あらば抜け道を探し、国連総会や各国との外交の場で制裁緩和を訴える様子に、世界中が首を傾げている。いったい誰のための制裁かわかっているのか、そして、本当に非核化を目指しているのか、韓国の真意を測りかねているのだ。

しかも、当の北朝鮮からも拒否され、韓国はきちんと反論もせず、その対応は言い訳に終始している。金剛山施設撤去を北が主張した後、鄭義溶《チョンウィヨン》青瓦台国家安保室長は、「金剛山施設は老朽化していて、本格的な観光再開のためには再開発が必要だと（北朝鮮）政府が判断した」と説明。北朝鮮を刺激しないように、メッセージの発信に細心の注意を払う文在寅政権の低姿勢ぶりを改めて示したのだ。それにしても、金剛山施設は現代峨山《ヒョンデアサン》の資産である。韓国企業を保護すべき政府の発言とは、とうてい思えない。

そんなさなか、北朝鮮の顔色をうかがう象徴的な事件が起きた。二〇一九年十一月七日、日本海上で韓国軍が北朝鮮のイカ釣り漁船を違法操業で拿捕したところ、乗っていた二人が韓国側に帰順（事実上の亡命）を申し入れた。しかし、この二人は操業中に同僚十六人を殺害して逃走していた疑いを持たれていたのだ。

すると、韓国政府はたいした取り調べもしなければ事前に発表することもなく、たった五日で、板門店《パンムンジョム》を通じてこの二人を北側に送還、追放してしまったのだ。彼らは縄で縛られ、目隠しまでされていた。これは、南北関係悪化を憂慮した青瓦台の主導だったという。

中央日報日本語版（同月八日付）によると、韓国統一部の李相旻《イサンミン》報道官は次のように説明している——「彼らは殺人など重大な非政治的罪を犯したため保護対象にはならず、韓国社会に入れば国民の命と安全にとって脅威となり、凶悪犯罪者として国際法上難民として認められないと韓国政府は判断した。そして、政府部署の協議の結果にしたがって追放を決めた」

同紙によれば、韓国政府が北朝鮮住民を追放する（本人の意によらない）形式で送還した初のケースだという。

これは憲法上、そして人権上も大問題である。まず、韓国の憲法においては建前上、現在北朝鮮が統治している地域も国土であり、そこに住む人は韓国国民である。脱北者は当然に韓国国民になれる。韓国にとどまることを希望したにもかかわらず「凶悪犯」という理由で取り調べもせず、一方的に送還したのであれば、憲法違反の疑いが濃厚だ。

さらに、国際法には「強制送還禁止原則」が存在する。虐待や不法に拘束されかねない国に強制送還をしてはならないのだ。北朝鮮側で殺人犯とされている二人はこれに該当するのに、ほとんど調べもしなかったのは国際法違反の疑いがあり、実際、韓国政府は国連や国際人権団体などから厳しく指摘を受けた。何度も繰り返すが、文在寅大統領は人権派弁護士出身である。

しかし、朝鮮日報日本語版（二〇年一月十一日付）によれば、国連のキンタナ北朝鮮人権特別報告官による訪韓調査要請に、韓国政府はいろいろと理由をつけて、協力する態度を示さないのだという。

この対応自体酷いものだが、同時に、そこまでして北朝鮮を刺激したくない文在寅政権の異常性には背筋が寒くなる。思えば、盧武鉉政権当時、国連の人権委員会で北朝鮮の人権状況を非難する決議の投票を巡って、文在寅氏は北朝鮮にお伺いを立てようと主張していた。その姿勢が、この一件でも色濃く出たのである。人権派弁護士・文大統領は、北朝鮮に関することになるとまったく人権を無視した北朝鮮擁護派に変わってしまうのだ。

こうした北朝鮮への姿勢は、二〇年年頭に述べられた文在寅大統領の新年の辞でもまったく変わらないどころか、むしろ悪化していた。ここまで北の「のれんに腕押し」が続いているのに、まずは「南北関係において動きの幅を広げなければならない」ときて、そのために「南北間の観光再開、北朝鮮の観光活性化のために個別観光を推進する」という。さらには「個別観光は対北朝鮮制裁事項に該当しないと解釈できるし、金正恩氏もそれをわかっているから可能性を探れるのではないか」と楽観的な見解を示すのだ。このような態度が米国の反発を買うことになるのだが、それについては、あとでまとめて述べることにしよう。

文在寅を見限り冷たくあしらう金正恩

「北は無視するのに南が一方的に秋波を送る」という奇怪な図式は、すでに述べたとおり、二〇一九年二月のハノイ米朝会談が決裂したことがきっかけだと考えられる。金正恩氏は韓国側からの情報を信じ、「非核化」のポーズさえ見せれば米国から何らかの制裁緩和が得られると考え、わざわざ特別列車でハノイまで出向いたのに、米国はむしろ新たな核施設の証拠を突きつけ、北側に詰め寄ったのだ。

金正恩氏にとっては、交渉の結果もさることながら、独裁国家の絶対的指導者としてのメンツをいたく傷つけられたことに怒り心頭になった。金正恩氏もまた、私が前著で指摘した文在寅大統領の特徴である「二枚舌」の「被害者」なのかもしれない。

ただでさえ制裁によって苦しめられているというのに、権威まで傷つけられてはたまらない。どうせ韓国単体でできることなど限られているし、下手に韓国側に入って来られれば体制が動揺しかねない。要するに、金正恩氏は韓国側と関係を改善したいと思っていないし、するメリットもないと考えているのだ。

北側が韓国に望むのは、もはや大胆な経済制裁解除しかない。制裁解除の一環として昨年の南北首脳会談で文大統領が約束したことが守られていないため、金正恩氏は「韓国側に冷たく接する」という戦略に転換したと思われる。ただ、恫喝も込めて北朝鮮が短距離ミサイルやＳＬＢＭ（潜水艦発射弾道ミサイル）を撃ち続けても、韓国側は「長距離砲」などと報じて問題視しない姿勢を示す。それどころか、米韓空軍の合同軍事演習「ビジラント・エース」は、北朝鮮を刺激したくないという韓国側の意向で、二年連続で中止された。

北朝鮮は米国に対し、一九年内を交渉期限と一方的に定めて圧力をかけたが、米国側には焦って交渉を進展させる気配は見られなかった。韓国はそのような米国にしびれを切らし始めたようだ。

GSOMIA署名直前に延期

米韓関係は、北朝鮮を巡っての関係でチグハグさが目立つが、米韓の直接の懸案を考えると事態は一層深刻である。米韓同盟の行方がどうなるか、大変心配な状況なのだ。その象徴的な出来事が、日韓GSOMIAの破棄撤回の顛末であろう。

文在寅政府が日韓GSOMIAを延長しないと宣言した際、日本以上に当惑したのは米国だった。

GSOMIAは軍事秘密情報を提供し合う際に第三国への漏えいを防止するための協定であり、日韓間では二〇一六年に締結された。同種の協定は一般的に多くの国の間で結ばれていて、特に珍しいものではない。また、日韓にとって軍事的な意味合いは格別大きいとも言えない。

しかし韓国にとって、日本とのGSOMIAは歴史的な意味があるのだ。締結から破棄に至る経緯を振り返れば、それがよくわかる。

日韓間で同協定が締結される四年前、李明博《イミョンバク》政権当時の一二年にいったん締結に向けて両国間で協議が煮詰まったことがあるのだが、韓国は国内の反発を理由に署名の一時間半前になって突如延期し、以来四年以上の間、協定をたなざらしにしたのである。日本と軍事協定を結ぶこと自体、国民感情が受け入れ難いというのだ。

そして一六年、北朝鮮の核・ミサイル開発が急速に進んだことで、安全保障の機運が高まり、朴槿恵政権下でいよいよ締結されたのだが、その後朴大統領は弾劾、罷免されてしまったので、日韓GSOMIAも「慰安婦合意」と同様、朴槿恵によって結ばれた「よくないもの」という認識が文在寅政権内部に充満し、その支持層にも広がったと思われる。

私は当初、「韓国政府はさすがにGSOMIA延長には抵抗しないだろう」という大方の予想に反して確信が持てず「破棄もありえる」と考えていた。それには、こうした背景に加えて、後に述べる輸出管理問題が重なり、韓国内の革新層の感情の高ぶりや文在寅政権がそもそもGSOMIAに反対する姿勢があったからである。

だが、GSOMIAの存在を最も重要視しているのは、米国だった。そのため、破棄を思い留まらせるために、ボルトン大統領補佐官（当時）やエスパー国防長官がわざわざ韓国を訪問し、文大統領に会って説得した。

では、なぜ米国はGSOMIAを重要視するのだろうか。日韓でGSOMIAが締結されていなければ、日米、米韓での軍事行動の際、同協定に参加していない国が保有する機密情報を使うことができなくなる。これは、米国の極東戦略にとって大きなデメリットである。そもそもGSOMIAが日韓間で結ばれていないこと自体、おかしな状況である。韓国はロシアともGSOMIAを締結しているのだ。

そして、GSOMIAはより政治的、象徴的な存在でもある。もともと協定締結に向けて日韓を橋渡ししたのは米国だ。米国にとってのGSOMIAは、さまざまな事情があって簡単には軍事同盟を結べない日韓が協力して行動していることのシンボルでもあり、対北朝鮮、対中国戦略を考えるうえで重要な枠組みなのだ。

それでも、韓国は破棄を決めてしまった。なぜなら、「輸出管理問題において米国を自国側に有利となるよう引き込むためのカードとする」――それが第一義的理由なのだろうが、私にはそれと同時に隠された、中長期的な意図があるように見える。

この経緯のチグハグさは、韓国側と米国側の発表の違いでも強く窺える。韓国は「米国の理解を得て破棄を決定した」と述べたが、米国はこの発言を直ちに否定、エスパー長官とポンペオ国務長官が「強い失望」を表明するに至った。

反面、さすがの北朝鮮もこれには喜んだことだろう。GSOMIA破棄決定後に飛翔体を発射したのは、「祝砲」の意味合いがあったというのはうがった見方であろうか。

「国粋主義者」の勝手な思い込み

破棄決定の過程には、国粋主義的な考え方をする青瓦台の一部勢力が深く影響を及ぼしたと言われている。いわゆる「自主派」と呼ばれる人たちだ。その代表が、前述の金鉉宗《キムヒョンジョン》青瓦台国家安保室第二次長である。GSOMIA破棄決定に際して事前にホワイトハウスを訪れ、輸出管理問題について米国に仲介してくれるよう協力を取り付けに動いたものの事実上失敗した人物で、帰国後はGSOMIA問題についての発言を強めた。GSOMIAの破棄を決定した二〇一九年八月二十二日の国家安全保障会議（NSC）では、自主派を代表して破棄を強く主張したという。

それでも、国防相、国家情報院長など他の文在寅政権の幹部でさえ運用上の観点から破棄には慎重であったし、報道によれば会議では延長派が若干ながら優勢であった。しかし最終的に文大統領自身が破棄を選択したのだ。つまり、文大統領自身の考え方も自主派に近いと推察できる。

韓国政府は「GSOMIAが終了しても、一四年に締結された日米韓三カ国情報共有取極（TISA）があるため軍事情報共有に問題ない」としていたが、米国ミサイル防衛局のヒル局長はこれを否定している。

事前の調整も取られておらず、米国の怒りは当然なのだが、彼らから見れば、韓国の国防部や外交部筋とだけ接触している限りは、青瓦台内部の国粋主義的な思考までは理解できず、読み違えたのであろう。米国政府の高官は韓国の官僚の考えや現場の実情を知る立場にいるため、その政治的な意味合いはさておき、「GSOMIA廃棄は現実的にはありえない」と思い込んでいた。それに加え、米国側は交渉の過程で「韓国政府には破棄の意思はない」との態度を事前に示されていたという。

こうして、米国は完全に虚をつかれた格好になった。文在寅政権が、これまで通り米国を中心とする東アジアの集団的安全保障に関与していく意思があるのか、根本的な疑問を持ち始めたのだ。

米国政府の変化は、一連の批判の際、通常用いている「韓国政府」という呼称ではなく、あえて「文在寅政権」と名指ししたことからも窺える。外交的には、非常に意味のあるメッセージだ。この時点で米国は「文在寅政権は過激な存在であり、本音では米韓同盟を快く思っていない」と、はっきり気づいたのではないだろうか。

文在寅政権の恨みが向かった先

文在寅政権は米国の破棄撤回を求める圧力を受け、GSOMIA破棄（自動延長しないこと）を通告してから失効期限までの三カ月間を活用して米国を巻き込み、日本から輸出管理問題で譲歩を引き出す方針を採用したようである。うまくいけば短期的な成果が得られるし、うまくいかずにGSOMIAを本当に破棄したところで、中長期的には彼らの「自主独立」の理想にかなっているのだから、気にする必要はない。しかし、韓国側の目論見通りに事は運ばず、一層窮地に追い込まれることになる。

日本はもちろん、米国もまったく動じてはいなかった。

米国は、国防部や外交部といくら話をしても、決定権が青瓦台の自主派に握られている以上意味をなさないことを悟り、政権中枢にプレッシャーをかけ始めた。

十一月に入ると、国務省東アジア・太平洋担当のデービッド・スティルウェル国務次官補、経済担当のキース・クラーク国務次官、ロバート・エイブラムス在韓米軍司令官やマーク・ミリー統合参謀本部議長などが破棄撤回を促す明確なメッセージを流し始めた。エスパー国防長官は韓国にやって来て、鄭景斗《チョンドンギュ》国防相に回避を直に要請したし、ポンペオ国務長官も康《カン》京和《ギョンファ》外相との電話会談で同様の内容を述べた。そしてそれぞれ、積極的にメディアに様子を公開した。要するに、一連の説得が韓国に対する米政権の「最後通告」であることを示したのだ。

困ったのは文在寅政権だ。米国側は「GSOMIA破棄を撤回せよ」と言うだけで、日韓の輸出管理問題には手を貸してくれない。すでに日本に大きく拳を振り上げ、民間、一般国民を煽って反日不買運動を演出し、その秘密兵器としてGSOMIA破棄をアピールしてきたのだから、日本のゼロ回答で破棄を撤回すれば支持層が納得しないし、一般国民からは見捨てられかねない。

李洛淵《イナギョン》首相（当時）は、「日本が韓国のグループA（ホワイト国）除外を撤回すれば、韓国もGSOMIA破棄撤回を検討できる」と極めて具体的に条件を出したが、日本政府はこの点で非常によく対応したと思う。「徴用工問題」、輸出管理問題、そしてGSOMIAに関する問題はあくまでも別個のものであると一貫して発信していたからだ。韓国側から見れば、GSOMIAを「人質」に取ったものの、日本は動じなかったわけだ。

こうして、文在寅政権の目論見は失敗に終わり、失効直前の十一月二十二日夕方、GSOMIAを「いつでも失効が可能という前提で終了通告の効力を停止する」という、短いフレーズのわりに回りくどい表現を使って、事実上の破棄撤回決断を表明した。いっぽうで、

ＧＳＯＭＩＡとは別に、経済産業省と韓国当局が二国間協議を行うことも決まり、同時期に公表された。ただ、協議の内容に関する日韓の認識の違いも浮き彫りになった。韓国側は、「輸出規制の強化の撤回」のためのとしたが、日本側は「適切な輸出管理のための措置の協議」と捉えていたのである。

この顛末を端的にたどるだけでも文在寅政権の特殊性が垣間見える。と同時に、彼らは新たなカードとしてＧＳＯＭＩＡを「再利用」する意思があるようなのだが、それは日韓関係を論じる第四章で述べたい。

日本としては何も譲歩していないため「外交の勝利」という声も聞かれた。確かにその通りで、もはや日本がかつてのように譲歩する一方ではなくなったことを韓国側はこの機会に理解してくれればいいのだが、中長期的に見た場合、今回の韓国側の「完敗」が、「自主派」の「国粋主義的思考」をさらに加速させ、米国への恨みを強める方向、日本の強い姿勢に対する反発を高める方向にも働いていることを見逃してはならないと思う。

なぜなら、米国は韓国を押さえつけるだけで、韓国の望みは何ひとつ聞かなかった。短期的に見れば表だって反米政策をとれない代わりに、反日へ向かう可能性もある。ただ、韓国のこれまでのやり方からすると、結局はその両方に行き着くリスクが大きい。

実際、韓国国内では「南北関係で韓国を除外する米国」というフレーズが使われ始めている。「文在寅政権が目指す対北朝鮮政策のために米国が役に立たないのなら、むしろ韓国側から進んで離れるべきなのではないか」という理屈だ。

条件さえ揃えば、あとは国民の反米感情に火を付けるだけで、大きな安保政策の転換を行うかもしれない。日韓ＧＳＯＭＩＡはひとまず有効だが、ここまでの破棄とその撤回を巡る混乱は、この先も革新政権が続いた場合の韓国の未来を暗示している。

北朝鮮問題がどう展開するかだけではなく、遠くない将来、米国が主導するインド太平洋戦略に対して、韓国にも積極的な協力を求めてくる可能性が高い。しかし、韓国は中国の顔色を窺い、煮え切らない態度を続けている。近いうちに米中いずれに付くかの選択を迫られる日が来るだろう。

米国に対するあからさまな抗議

空席だった駐韓米国大使にハリー・ハリス元米太平洋軍司令官（海軍大将）が就任したのは、二〇一八年七月のことだった。本来彼はオーストラリア大使に指名されていたのだが、情勢の変化によって急遽、赴任国が韓国に変わった。

そのハリス大使へ、最近韓国側の「攻撃」が激しさを増している。

一九年八月のGSOMIA破棄宣言を受け、「朝鮮半島の防御に関連する米国の能力に影響を及ぼしたことに失望した」「在韓米軍と韓国軍はより大きな脅威に置かれることになる」などと米国が指摘したことに対して、韓国外交部は八月二十八日に大使を呼び出し「このような指摘を繰り返すことは韓米関係と同盟強化のためにならない」として、自重するよう要請した。しかも、その様子をわざわざマスコミの面前で行い、撮影までさせている。友好国の間では、このように公然と抗議するのではなく、夕食にでも呼び出し、内々にじっくりと諭しながら是正を求めていくほうが効果的だと思う。私であればそうする。しかし、文在寅政権は米国大使に露骨に不満を吐露したのだ。

ハリス大使は米政権を代表して韓国に赴任しているのだから、米韓関係にかかわる懸念が発生すれば、大使と解決する以外ない。そのためには、感情的に抗議するのではなく、双方が納得できる方法を探し出すべきである。

米国は韓国に対して、在韓米軍駐留経費の負担増額を求める交渉も行っている。

文在寅政権としては、国民の負担感を放置したまま米国の要求に屈したように見えてはならないため、ますます米国に対して強気の態度を取ってくるであろう。もっとも、より長い目で考えれば、これを機に米軍のプレゼンスを段階的に縮小するという腹づもりかもしれない。いずれにしても、対米関係は硬化する。

いっぽう米国は、一連のＧＳＯＭＩＡ交渉を巡る動き、さらに米朝交渉での真意を測るにつれ、韓国の左傾化の動きをはっきり認識し、苦々しく感じている。だからといって、あまりに文在寅政権を追い込むと反米感情を刺激し、最終的に中国を利して東アジア情勢で不利な状況に追い込まれかねない。これは日本にとってもまったく同様である。

ハリス大使はこうした難しい状況に立たされながら、警告のメッセージを送らなければならない立場にいるわけだ。

韓国各紙もハリス大使の動きを詳しく報じ始めた。韓国与野党関係者の話として、同年九月、『大韓民国未来革新フォーラム』所属の与野党議員十余人と面会したハリス大使が、次のように発言したことを中央日報日本語版（十二月二日付）は伝えている。

「文在寅大統領が従北左派に囲まれているという報道があるが、どう思うか」

あくまでも報道についての感想を求めたのだが、その意図は明白であろう。その場で与党の議員から「その話は適切ではない」と、たしなめられたそうだ。それも当然で、与党議員にすれば「あなたたちは従北なのか」と質問されているも同然だからである。

確かに、ハリス大使は外交に長く携わってきた大使と比べれば率直に発言しているように思う。しかし、韓国がそれだけ危険な方向に向かっているとハリス大使が感じているということでもある。私も同じ思いである。

ハリス駐韓米大使への「人種差別」

ハリス大使はあくまでも在韓米大使である。それにもかかわらず、韓国の一部過激派の攻撃がハリス大使個人に向かっている点、そして、それを阻止しない韓国政府には違和感を覚えざるを得ない。

二〇一九年十月十八日、ソウル市内の駐韓米国大使公邸に韓国人の学生たちが侵入を図ったとして逮捕された。この学生たちは「韓国大学生進歩連合」なる組織に所属している。同組織は、金正恩氏を礼賛するデモを開催したり、フジテレビソウル支局へ侵入してパフォーマンスを行ったりした親北団体だ。幸いなことに、ハリス大使や家族などに被害はなかった。

ところでハリス大使は、母親が日本人であることでもよく知られている。当初韓国では、そのことに言及するのを自制するムードが支配的であったが、反米的

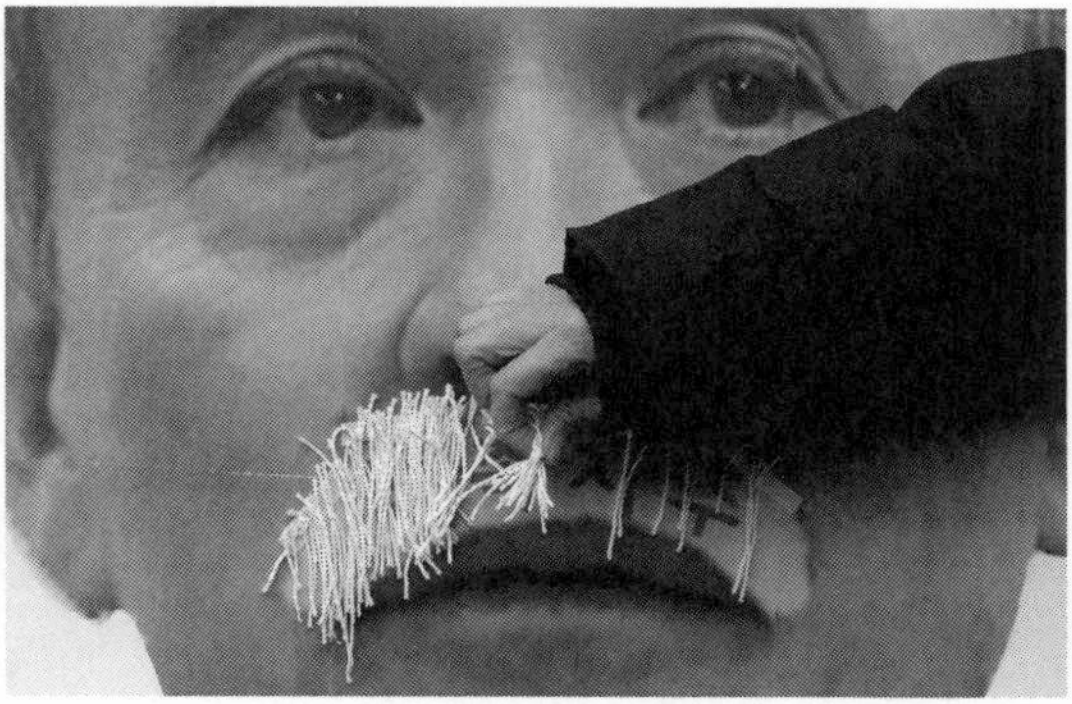

ハリス大使へのパフォーマンス。口髭は旧日本軍の軍人を連想させるようだ。

な雰囲気が高まるにつれ、徐々にこの話が表に出てくるようになった。感情を抑えられない人たちのなかには、髭を生やしているハリス大使を嘲笑する者まで現れた。

このような低レベルの個人攻撃は、反米韓国人たちの溜飲は下げるだろうが、米国では明らかな人種差別と受け取られる。


二〇年になり、文在寅大統領が北朝鮮への個別観光を推し始めると、ハリス大使は米国を代弁して、「そのような事案はまず米韓で協議するべきで、誤解を避けるためにもワーキンググループを通じて扱ったほうがよい」と述べた。米韓のワーキンググループとは、主に制裁履行と南北協力事業の速度調整を議論するために一八年に発足した実務協議体である。

この対応は当然であろう。個別観光が厳密な意味で制裁対象ではないとしても、「個人」と称した誰かが金塊や重要戦略物資を運ぶことは防がなければならず、陸路で直接行われることになれば国際社会の目が届かない可能性もある。仮にそうしたことがなかったとしても、北朝鮮の非核化を促すために国際社会が協力しているなかで、韓国が率先して北朝鮮を支援するのは制裁の効果を鈍らせることにつながる。北朝鮮の非核化で主導的な役割を果たしている米国が実務協議を求めるのは当然である。

米国政府関係者も、ハリス大使と同様の発言を相次いで行った。国務省のオルタガス報道官は一月十四日、サンフランシスコでの日米韓外相会談後に配布した報道資料のなかで「(米韓)両外相は北朝鮮に対し、米韓間で緊密に調整することを改めて確認した」「日米韓三カ国による協力の重要性についても話し合われ、地域的、国際的な多くの事案で緊密に協力を続けることも約束した」と伝えている。これらの声明には「韓国の勝手な行動は許さない」との意味が込められている——それが外交の現場における常識である。

ところが、与党・共に民主党内部からは、「北朝鮮への個別観光を認めるかどうかは主権行為であり、前述のハリス大使の発言は内政干渉だ」とする意見が出てくるようになった(南北の話を「内政」と捉えたがるのも革新陣営の特徴である)。それればかりか、髭をたくわえたハリス大使を指して「日本の軍人」「朝鮮総督のようだ」と、非難する声まで上がったのだ。

繰り返すまでもないが、国際社会は現在、北朝鮮を「非核化」の観点でしか見ていない。北朝鮮観光は非核化が進んだ後にするべきであって、最重要課題を揺るがしかねない案件に対して、なぜ「内政干渉」という反論が出るのか、理解できる国はほぼないだろう。

「朝鮮総督」呼ばわりという「口撃」については、もはや言葉も出ない。そんな発言をしている人は、自ら韓国の品位を汚していることに早く気づいたほうがいい。

ホルムズ海峡への派兵を決断した意図

いっぽう、韓国政府は二〇二〇年一月二十一日、米国が呼びかけていたホルムズ海峡の安全保障イニシアチブ（ＩＭＳＣ、いわゆる「有志連合」）に対して「直接は参加しないものの韓国海軍部隊をホルムズ海峡に派遣し、必要な場合、有志連合にも協力する」と発表した。

これは、非常に微妙な問題である。かつて盧武鉉政権が支持を失った原因のひとつが、ブッシュ政権によるイラク戦争への派兵要請を受け入れたことだった。当時民情首席秘書官だった文在寅氏は派兵反対派だったのだ。支持層に反米的な雰囲気が蓄積されているなかでの派兵には、それなりのリスクが伴うはずだ。

結論を出しにくいこの種の問題から、文在寅政権は「逃亡する」傾向がある。中国ファーウェイに対する問題でも、日本の自衛隊とのレーダー照射問題でも、結局うやむやにして、国内ではニュースを抑制してしまうのだ。

だが今回は、ふたつの理由で派兵を決断したようだ。一月二日に起こったイランのスレイマニ司令官殺害で緊張は高まったが、イラク戦争とは違って米国とイランは戦争状態にあるわけではない。また、イランには韓国企業が拠点を置いている。韓国人も大勢滞在している。原油輸送等の確保も重要だ。それが一番目の理由。そして二番目は、今回派兵される「清海部隊」は、すでにアデン湾一帯に派遣されていて、派遣の範囲を拡大するだけなので手続き上も目立たないし、米国の有志連合にも直接は加わらないからだ。このあたりは、日本のオペレーションと似ている部分もある。

さらに韓国としては、トランプ政権から韓国の在韓米軍の駐留経費負担を五倍にするよう求められている。この交渉を有利にするためにも、韓国側はこの件で歩み寄りを見せておく必要がある。また、日本も中東に「調査」と称して自衛艦を派遣したので、同様のやり方であれば、イランの反発も最小限に抑えられるだろう。ただ、韓国がどこまで真摯に協力しようとしているのかは、今後の行動を見ていく以外ない。

米国は歓迎の意を示すいっぽう、派兵が反米感情を刺激し、政権が批判されるような状況にはなっていない。このあたりは、やはりマスコミを抑えている文在寅政権の強みである。

核保有のままの南北統一へ

しかし、これは長い目で見れば「一時的な揺り戻し」に過ぎず、大きな流れでは、このまま革新政権が続けば米国離れは続くと思われる。

その根拠は、やはり「自主独立」を究極の目標とする国粋主義的思考の浸透である。韓国の北朝鮮政策は、およそ現実を無視し、国際社会の不安感を煽っているが、革新政権側は「理想のためなら北朝鮮の現実にこだわる必要はない」と考えている。北が国際社会からたとえ孤立しようと、「栄光の自主独立」を実現し、朝鮮民族統一国家を樹立することにためらいはないのだろう。

その固い意志を感じ取れたことがあった。これまでも特に対米政策で物議を醸す発言を続けてきた文正仁《ムンジョンイン》大統領統一外交安保特別補佐官（延世大学名誉教授）のコメントだ。同補佐官の言葉は過激ではあるが、それがいわゆる観測気球とわかれば納得できる。刺激が強すぎて、内外から反論が寄せられれば、「あれば文教授の個人的な見解であり、青瓦台の立場ではない」と、火消しをしておけばいいのだ。

注目したい発言はふたつある。

まず、国立外交院外交安保研究所が開催した国際会議の席上――「もし北朝鮮の非核化が行われていない状態で在韓米軍が撤退したら、中国が韓国に『核の傘』を提供し、その状態で北朝鮮と交渉する案はどうだろうか」（朝鮮日報日本語版二〇一九年十二月五日付）。

もうひとつは、米国のシンクタンク『センター・フォー・ザ・ナショナル・インタレスト（CNI）』のセミナーにおける一連のコメントで、特に「文大統領支持者の間では、米国が北朝鮮との交渉を再開できなければ、韓国が独自に行動すべきという声が大きくなっている」（中央日報日本語版二〇年一月八日付）というものだ。

発言しているタイミングや目的も考えなければならないから、文正仁氏の真意が言葉通りなのかは安易に決めつけられない。さまざまな米韓関係の摩擦のなかで、米国へのブラフ、けん制ということも考えられる。それでも、文字通り解釈すれば、「このまま米朝の交渉がまとまらないのならば、韓国は米国に見切りをつけてその『核の傘』を離れ、その代わり中国の『核の傘』に入るぞ」と見るのが自然だ。

果たして韓国にとって、中国がそこまで信頼に足る相手なのかは次の項で考えるが、文補佐官はこれまでも、分担金負担を巡って在韓米軍の兵力を「五千～六千人縮小するとしても、韓米同盟の枠組みや北朝鮮軍事抑止力には大きな変化は生じない」（ケーブルテレビ局ＪＴＢＣ『ＪＴＢＣニュースルーム』一九年十一月二五日の発言）と述べている。「交渉がもめるのであれば、在韓米軍を縮小していただいて構わない」という意味である。つまり、文在寅政権は在韓米軍縮小を米国および自由主義陣営からの離脱と同一線上に見ているのだ。

過去の例からすると、文補佐官の「過激な発言」は、数カ月後に大統領や青瓦台の行動となって実現することが多い。この場合、さすがに数カ月で米韓同盟がなくなることはないだろうが、米国が予想する以上に分担金問題が難航し、青瓦台側が国民感情を動かし始める程度のことは、起きても不思議ではない。

もっと背筋が寒くなるシナリオも考えられる。文補佐官は、一九年九月、タス通信（ロシア）

のインタビューに対し、「韓国が核武装するなら米韓同盟は不要になる。米国が韓国の核保有を認めるなら、この地域での米国の影響力は著しく弱まる」と語っている。あまり考えたくはないが、要約すると、文在寅政権には自主国防の名の下に核兵器を保有する意図があることになる。さらには順序を逆転させ、「米韓同盟が不要になるように核武装を行う」という手順もありえる。

もっと踏み込もう。南北統一は彼らの念願なのだ。こうした状況を考えれば、「北が保有している核を統一後も維持、強化することこそ自主独立の大きな後ろ盾になる」というのが、文在寅政権の本音なのではないか。だとすれば、文政権が非核化のための制裁に熱心になるはずがなく、何かと抜け穴を探す行動パターンの意味も理解できる。

尊大な中国、それでも近寄る韓国

文在寅大統領は、心情的には日韓よりも中朝に近い政治家である。韓国外交部の旧東北アジア局から日本が除外され、中国だけで独立の局となったのもその一例だ。ただ、中国側は文在寅大統領に冷たい。THAAD問題でのプレッシャー、限韓令（いわゆる韓流禁止令）、国賓として訪問した際の「ぼっち飯」（中国要人が伴わない一人だけの食事）の冷遇など、あげればきりがない。最近では、コロナウイルス関連のチャーター機の受け入れ順で日米と差をつけられている。

文在寅政権の言動は米国や他の自由諸国、さらには東南アジアの国々とも関係の悪い中国を基本的に利するものであるにもかかわらず、こと韓国に対して中国は冷淡な態度を取り続けている。それはまるで、韓国の立場を読み切り、彼らがいずれにしても中国側に来ることがわかっているからではないかとも受け取れる。

その象徴が、王毅外交担当国務委員兼外相の訪韓（二〇一九年十二月四日〜）である。それは、文在寅政権になって初めての中国要人の韓国訪問だった。タイミングとしては前述のGSOMIA破棄撤回の直後であり、不安を感じている自国民に対し、韓国側は中国との友好協力関係を訴えるよい機会にしたかったはずだ。


しかし、王毅外相の韓国における振る舞いは、一言で言って「傍若無人」だった。まるで、宗主国からやってきた皇帝の代理人が、冊封国に対して取るような態度だった。

中国側は、韓国政府がどのみち米国の肩を持たないことを読み切っている。そこで、THAADミサイルの完全撤去、さらにはいわゆる「米中貿易戦争」での中国側への理解など、難しい要求を繰り出した。韓国政府には予想外の強硬な態度だったようだ。

さらに印象的だったのは、王毅外相が訪問二日目、韓国側の「友好的な人物」約百人を集め、独自に昼食会を開催したことだ。

この昼食会は、中国側によって一方的、かつ急きょ決まったのだという。そのため韓国側の要人のほとんどは、事前の予定をキャンセルしてでも出席するよう中国側から求められた。国家元首でもないのに、外国で気の向くままに「集合」をかける行為の裏には、韓国との「格の違い」を誇示する意図があったのではないか。王毅氏は政治局員でもなく、共産党の序列では二十五番目以下なのに、である。

そのうえ、王毅外相自身は昼食会に三十七分遅刻して現れ、謝罪の言葉もなく、「中国復興は歴史の必然であり、誰も止めることはできない」とスピーチをしたという。

文在寅大統領は王毅外相の表敬を受けた際、習近平主席の訪韓を要請したそうだが、確定的な返答は得られていない。ここも、中国側は日本と差をつけていると考えられる。

康京和外相との中韓外相会談は二時間半にも及んだが、外交部によるブリーフィングはなく、マスコミには会談メモが配布されただけだったという。日米に対しては韓国側に有利な解釈をしたブリーフィングを思い切ってする青瓦台だが、よほど中国側が強硬な意思を示したのか、対外的に公表できない内容がほとんどだったのではないかと思う。

半面、中国本国の外務省は、訪韓成果として、「両国は共通認識に基づいて、ＴＨＡＡＤなど中韓関係の健全な発展に影響を与える問題を引き続き適切に処理し、互いの核心的利益と正当な関心事を尊重することとした」と述べた。韓国側の発表には、THAADに関する言及は一切なかった。

要するに、韓国側がいまだ態度を明らかにしていないTHAAD完全撤去を中国側は強硬に求め、「韓国側も中国の立場は尊重している」と一方的に発表したわけだ。それは、韓国が中国側の一方的な要求に対し、毅然と反論できないことを暗示している。

案の定、韓国は表だって抗議をしなかった。第四章で触れる「GSOMIA破棄撤回における日本への態度」とは大きく異なる。それ以前に、THAAD配備を理由に中国が実質的に続けている限韓令や韓国への渡航自粛などに対しても、韓国は抗議をしていない。いくら経済面で大切とは言え、それだけで主権国家としての存在を放棄するかのような態度は、徹底的に弱腰であり、卑屈でさえある。そのような韓国に「日米韓協力をどうするつもりか」と聞いても、彼らはとうてい答えられないだろう。

米中距離ミサイル配備を防ぎたい中国

中国が強気なのは、そもそも韓国を対等な相手として認めていないからであろう。当面の中国の関心事は、米国の中距離ミサイルの韓国配備を防ぐことである。だからといって、貿易の問題がある以上、トランプ政権に直接強気に出るわけにもいかない。そこで韓国に圧力をかけ、これ以上米国の要求を呑まないように働きかけているのだ。中国としては、韓国を日米から引き離したいとの思惑が根底にある。

米国によるＴＨＡＡＤランチャー（発射装置）のソウル首都圏への配備要請（事実上の追加配備要請）が報じられている。加えて中距離ミサイル配備問題は、近い将来、韓国を苦悩に陥れるだろう。ＴＨＡＡＤ配備で激怒した中国政府に対し、二〇一七年に文在寅政権はいわゆる「三不」の約束（①米国のミサイル防衛体制に加わらない ②日米韓の安保協力を軍事同盟化しない ③ＴＨＡＡＤの追加配備はしない）をしているため、同盟国である米国から中距離ミサイル配備を要請されると、米国か中国かを明確に選ばなければならない局面がやってくる。

このとき、米韓同盟はかってない動揺を内外に示すことになるかもしれない。あるいは、文在寅政権はこのタイミングで国内世論を中国側に傾けられるよう、すでに手を打ち始めているとも考えられる。

ロシアは基本的に北朝鮮に対しては機会を窺って韓国をカードとして使う意識でいるようだが、韓国の米国離れ、中国への接近は東アジア情勢の大きな変化の兆しであり、対米政策上の好機として最大限利用したいとも考えている。まだ韓国に対して表立った動きは示していないが、少なくともこれまでより自分たちの存在感が増すことを歓迎しているはずだ。韓国は今後、北朝鮮とロシアが相互に利用し合う関係性に入り込んでいくのではないだろうか。そして、対米戦略上の大きな流れを見れば、今後、中ロ両国が連携を模索する動きが加速するだろう。可能な限り早期に南北関係を改善するためのきっかけを探している韓国にとっては、米国と中ロの対立軸が明確になるほどゲームはシンプルになるとも言える。

日米から離れるのは既定路線

結論として、「文在寅政権はそう遠くない将来、日本はもちろん、米国からも離れる」と私は考えている。

要するに、彼らは在韓米軍が徐々に撤退するように仕向ける。そして米国の思い通りにはならなくてよい状況を作る。そのためであれば、中ロへの接近、妥協、そして将来的には中ロ軍を引き入れることさえ選択肢として検討するのではないか、それが文在仁補佐官の発言の底意である。

その流れは「自主独立の朝鮮半島統一国家」という目標とは矛盾するように見えるが、それでも韓国の国粋主義者たちが考える「対米従属からの脱却」という意味では彼らの「教義」にかなっていて、大きな前進だからである。同時に、中国が長年の「宗主国」だったという文化的な背景も見逃せない。

最悪のシナリオを描くと、次のようになるのではないか。

まず、在韓米軍の削減を厭わず、同時に米韓連合司令部の戦時作戦統制権（戦作権）を韓国側に委譲するよう強く要求する。戦作権の委譲はすでに合意済みだが、米軍としては韓国が北朝鮮にすり寄っている状況で委譲することには抵抗がある。むしろ日本の関与を強めさせたいと考えているくらいだ。

いっぽうで文在寅政権は、このまま米韓連合軍の指揮権が米国側にあるままでは、目標である南北統一への歩みに向けて踏み出せない。そこで、他の軍事演習は消極的だが、韓国側の作戦運用能力を証明するための机上練習には妙に熱心である。

なお、分担金負担やミサイル配備など、今後米国との間に問題が起きた場合は、これまで以上に強硬な対応に出ると予測する。むしろ米国側が見切ってくれることを待っていて、「横暴な米国」を国民に見せられれば、世論のコントロールがしやすくなる。半面、あまりに速度を上げすぎると、建国以来ずっと続いてきた米韓同盟体制離脱への国民の不安を過度に煽ることになるため、行ったり来たりしながら、徐々にスピードを上げていく形になるだろう。

いっぽう、日本に対しては関係改善を進めるかのように装いながら、現実には日本を怒らせる態度を取り続けるだろうし、米韓がスムーズに離れられるように利用し始めるに違いない。日本としては米国を東アジアにできるだけ引きつけておくことが国益にかなうが、韓国はむしろ、トランプ政権のような対外不干渉的な政策は歓迎である。そういう意味でも、韓国にはチャンスが来ているとも言える。

もはや、韓国の「レッドチーム入り」は既定路線であり、時間の問題である。すでにその動きは始まっていると考えるべきだ。もはや何がいつ起きるのか、注視する段階になっている。これは世が世なら、クーデターが起きても不思議ではない状況なのだが、もはやそのような時代ではない。この状況を覆すためには、韓国の「普通の人々」が「レッドチームなどごめんだ」と声を上げるしかないのだ。

韓国人は、保守・革新を問わず、香港のデモを心情的に支持する人が多い。よく考えるとおかしな話だ。韓国の政権は、そんな中国に接近しているのだから――。

二〇一九年末、成都で行われた中韓首脳会談でも韓国側は香港問題に触れず、中国側には「中国政府への理解を示した」と利用され、それに対して大きく抗議もできない。それでも、韓国国民の多くはまだ自分たちの置かれている状況に気づいていない。まさに「ゆでガエル」そのもので、やがて気がついたらレッドチームの真ん中にいるという、最悪の状況に陥りかねない。

中国は韓国に厳しい態度をとり続けているが、最後の最後、決定的に米国から引き離すタイミングが来たと判断すれば、一転して軟化し、経済的に優遇し始めることも考えられる。低成長化した韓国経済にとっては干天の慈雨のように映るだろう。だがそれは、米韓同盟の「死に水」になりかねない。

レッドチーム入りする韓国がこのまま国際社会から孤立して経済が傾いても、それは自業自得という面があるものの、日米にとってはそのまま見過ごすことはデメリットが大きい。端的に言えば「統一のためなら国が滅びてもよい」とさえ考えている文在寅政権、革新陣営の恐ろしさを、いかに「普通の韓国人」に伝えていくかが肝要だろう。

米国は北朝鮮にかまっていられない

米朝関係はハノイ会談以降、ピタリと停止している。

北朝鮮の金正恩委員長は、「米側の北朝鮮制裁などの敵対姿勢の再考を促す期限」として、二〇一九年末に一方的に線を引き、挑発的な言動を小出しに繰り返して待っていたが、米国側は同年十月のストックホルムでの協議など交渉には応じるものの、ハノイ会談決裂以降は姿勢を変えることはなく、まったくの膠着状態となっている。

この状況は韓国にも影響を与えている。北朝鮮は短距離ミサイル等を一九年だけで二十発ほど発射しているが、これは明らかに韓国に対するプレッシャーと見ていい。

しかし、韓国は見て見ぬふりである。この状況で米国を動かせるのであれば、北朝鮮は一転して金正恩氏の韓国訪問などの「ごほうび」をくれるかもしれないが、現在の韓国には対米交渉の方法も能力もないからだ。

北朝鮮が焦りを隠さない理由は何か。それは食糧問題にある。経済制裁がかなり効いているうえに農産物が一一年以来とされた一八年をさらに下回る不作になったと見られており、WFP（世界食糧計画）によると、北朝鮮の農業生産高は過去十年間で最低水準に落ち込んでいるという。国民の四割強の一千万人が十分な食料を手に入れられていないのだ。外貨不足から漁業権を中国に売却し、それを補うために日本海の大和堆で軍人や漁業者たちが危険な操業を強いられ、さらにはアフリカ豚コレラが中国から入ってきた。そして新型コロナウイルスによる中朝往来の停止が、さらに追い打ちをかけている。このままでは今後、国内の体制も動揺しかねない。

対する米国はこうした状況をよくわかっていて、北側の脅しに乗らないという面もあるが、実際は他のイシューに比べて北朝鮮問題への優先度が下がっているのだ。ウクライナ問題を巡るトランプ大統領への弾劾発議こそかわしたものの、対中貿易交渉、さらにイラン問題まで加わっている。北側（あるいは韓国側も）としては、大統領選挙を控えた二〇年、トランプ大統領が実績ほしさに譲歩をしてくるという読みもあったのだろうが、逆に北側が刺激すればするほど、米国世論は北朝鮮への妥協を許さなくなってきている。北朝鮮は戦略を読み間違えたのだ。

追い込まれていく北朝鮮

北朝鮮は、二〇一九年末になっても動かない米国に対し「クリスマスのプレゼントに何を選ぶかはアメリカ次第だ」として何らかの威嚇を行うような予告をしていた。これは絶対指導者・金正恩の言葉であり、通常であれば、何らかを実行していたであろう。しかし、結局何も起こさなかった。というより、起こせなかったと考えるのが自然だろう。

次に注目されるのは、金正恩氏による年頭の「新年辞」がどのような内容になるかだったが、二〇年は発表自体が行われず、代わりに一九年の年末に四日間という異例の長期にわたって朝鮮労働党中央委員会総会を開催した。それは、米国に対し何もできなかった金正恩体制の生き残りをかけた「引き締め」の行動だったと見るべきだろう。

朝鮮中央通信の報道によると、同総会で金正恩委員長は、「敵対勢力の制裁圧力を無力化させ、社会主義建設の新しい活路を切り開くための正面突破戦の強行」を訴えた。その際「正面突破」または「正面突破戦」なる言葉が二十三回にわたって使われている。

これが何を示すのかについては、一七年末までと同様、核開発と経済建設の並進ではないかという見方がある。ただ、一七年よりも北朝鮮の事情は追い込まれていると想像される。「われわれの抑止力強化の幅と深度は、米国の今後の北朝鮮に対する立場次第で調整される」とも述べているように、本音では、対話を通じて米国から譲歩を引き出したいと考え、余地を残しているのではないか。

年始にはイランのスレイマニ司令官を米国が殺害する事件があった。これも北朝鮮にインパクトを与えるに十分だったろう。ただ同時に、金正恩氏は米国が同じように自らを攻撃するとは考えていないと、希望を込めてみているのだろう。「イランには核がないから攻撃されたのであって、米国はこれ以上戦う相手を増やしたくないはず」だからである。

二〇年の米朝交渉は、基本的に平行線の状態が静かに続くと考えられる。

究極的には「非核化」が何を指しているのか、米朝はこれまで一度も合意点を見出したことはない。いっぽう、北朝鮮にとって核は自らの体制を保障する唯一の手段であり、核があるからこそ対米交渉ができるのだから、虎の子を手放すことはありえない。だからといって、米朝ともに正面から争うような状況にもない。このような流れがしばらくは続くだろう。

北朝鮮としては、米国と話が進まず、韓国も使えない状況では、頼みは中国だけだ。しかし、金正恩政権は中朝の国境の人的往来を止めるとともに、貿易も停止した。もし、新型コロナウイルスが北朝鮮に入ってくれば、あの国の医療体制では収拾がつかないことになるからである。しかし、新義州等では既にその疑いのある患者が発生しているとの噂がある。

仮に朝鮮人民軍に新型コロナウイルスが蔓延すれば、致命傷となりかねない。加えて唯一の外国との経済的つながりである中国との貿易を閉ざすことで、北朝鮮の経済にとって痛手になることは避けられないだろう。金正恩氏の思惑はまたしても外れ、一層窮地に立たされるのか。そのとき、あの独裁者がどのような行動に出るのかは誰も予測がつかない。

米国側も対中交渉が今後どうなるか、大統領選挙の結果などが影響することになる。ただし米国にとっても北朝鮮が大きく変動することはメリットをもたらさないし、ましてイランのように攻撃をすることも実際は難しい。交渉を進展させる際は、貿易交渉等とセットにして中国をうまく引き込み、利用しながらになるのではないだろうか。

究極的には、一七年の焼き直しのような状況が、今後しばらく続くかもしれない。習近平氏に対して「金正恩氏を排除して代わりのトップを持ってくれば、北朝鮮を温存させる」と持ちかける可能性もある。韓国にとってはあまりいいシナリオではないし、金正恩氏はこのあたりの力加減を見誤ると、米中からつるし上げられるリスクもあるだろう。

第三章

崩壊寸前の韓国経済

現実化した韓国の低成長時代

二〇二〇年一月二十二日、韓国銀行は一九年十 - 十二月期の実質GDP成長率（速報値）が前期比一・二％、一九年通年の成長率（同）は二・〇％だったと発表した。

この数字に最も安堵したのは文在寅政権であろう。洪楠基《ホンナムギ》副首相兼企画財政部長官（日本で言えば財務相＋経済財政相に相当）の、「期待には及ばなかったが、市場の心理的なマジノ線を守り抜いたという意味がある」（聯合ニュース／同日）というコメントは本心に違いない。政府は財政支出によって二％の線を死守するとし、本来は否定的だった公共事業による建設投資にも力を入れていたからだ。

朝鮮日報日本語版（同二十三日付）によれば、十 - 十二月期に韓国政府が道路整備や河川改修、補修等インフラ投資に費やした資金は約七十九兆ウォン（約七・二兆円）にもなったという。確かに二・〇％と一・九％では、かなり世論の受け止め方も違っただろう。ただ、あとで検討するように、中身についてはほめられたものではない。

そして、短期的視点で喜んでいられるような状況でもない。ここ十年間の経済成長率の推移を見れば、一〇年以降、成長率は鈍化傾向にあるが、特に文政権になってから一層低下し、政権が低成長時代を早めたことは認めないわけにはいかないからだ。

韓国の実質GDP成長率（年率） 出所：韓国銀行

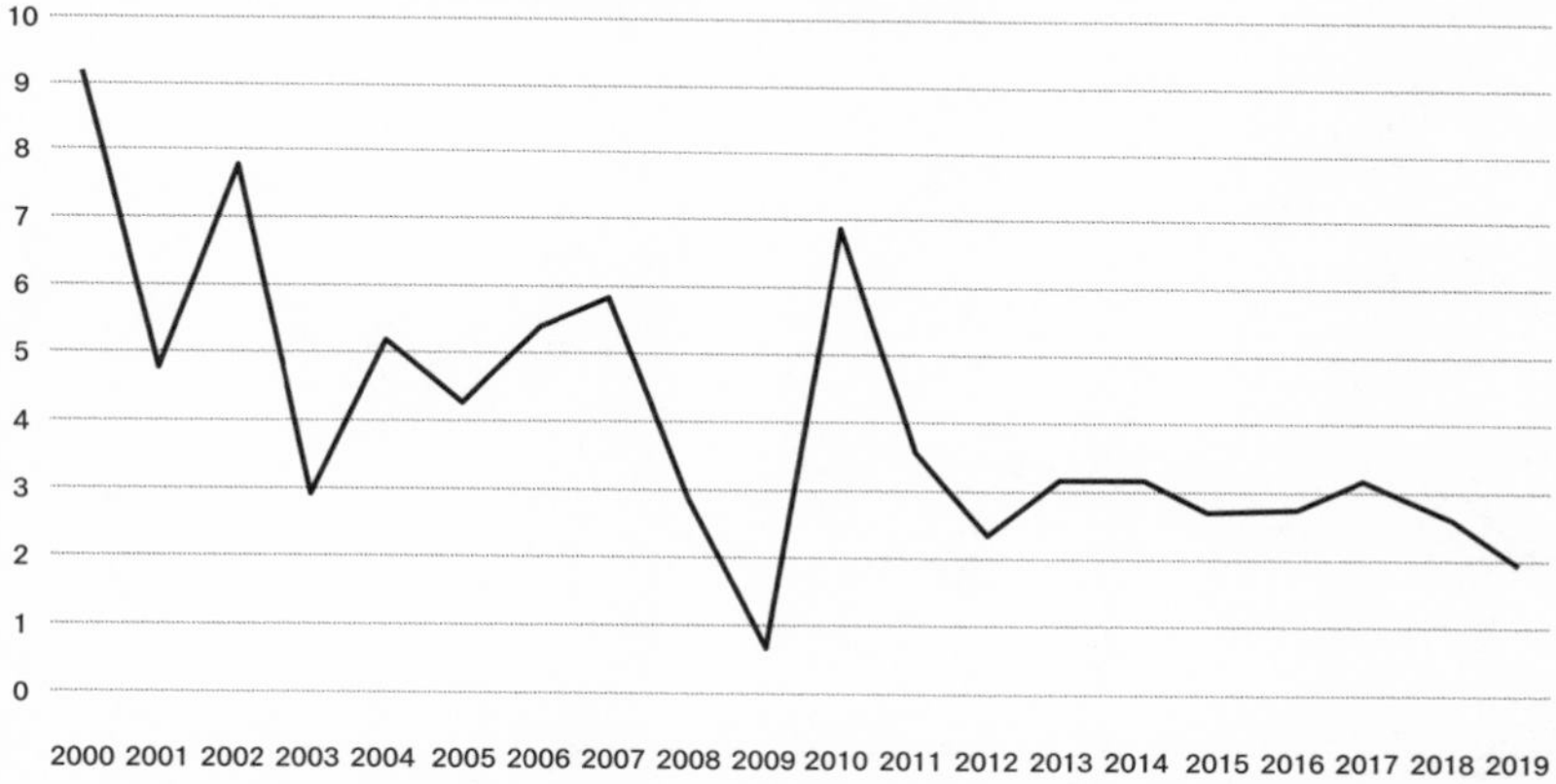

※タテ＝%、ヨコ＝年

二・〇％は、結局のところ世界金融危機（〇八〜〇九年）以降最低の数字であることには変わりないし、韓国銀行の推定する韓国の潜在成長率（一九〜二〇年基準で二・五〜二・六％）にも遠く届いていない。

今後の見通しを楽観している人もけっして多くない。本書執筆時点で韓国政府は、二〇年の経済成長率の予測を二・四％としている。同じく、中央銀行の韓国銀行は二・三％、民間のシンクタンク現代経済研究院も二・三％と、一九年よりも回復すると見ている。

いっぽう、民間には悲観的な予測も少なくない。ＹＴＮテレビがまとめた数字を紹介すると、ハナ金融投資が二・〇％で横ばい、そして、ＬＧ経済研究院は一・八、

NH投資証券一・七、モルガン・スタンレー一・七、バンクオブアメリカ・メリルリンチ一・六と、むしろ悪化するとしている機関もある。

しかも、これに新型コロナウイルスの影響が加わる。さらに長期で見た場合、二〇年代半ばには一％台の低成長が恒常化すると見る向きが多い。

一九年の落ち込みは、韓国経済の対中貿易依存度が四十％と突出して高く、米中貿易摩擦の影響をまともに受けたこと、輸出における唯一といっていい「スター選手」の半導体市況が悪化したこと、および政府の経済政策の迷走に原因があると言える。二〇年の半導体市況はある程度回復するという見方が現在は支配的だが、それでもなぜ、文在寅政権の経済政策に期待することが難しいのだろうか。

半導体回復で低成長を克服できるか

二〇一九年の二・〇％成長の中身を、項目別の成長率（単位／前期比％、一九年は速報値）で見てみよう。

一八年と比べて減少したのは、輸出（三・五→一・五）だけではない。なんと言っても経済の根幹である民間消費（二・八→一・九）の伸び悩みが目立ち、設備投資（マイナス二・四→マイナス八・一）に至ってはさらに縮小している状況だ。建設投資（マイナス四・三→マイナス三・二）は数字のうえでは回復していることになるが、それでもマイナスには変わりない。これには、政府の不動産価格への対策が影を落としていると考えられる。

ここで注目してほしいのは民間消費の停滞である。文在寅政権の「所得主導成長政策」については後述するが、低所得層の所得増大が消費増、経済成長促進につながっていないということである。

半面、唯一大幅に伸びているのは政府消費（五・六→六・五）である。中央日報日本語版（二〇年一月二十二日付）の解説によれば、二・〇％成長のうちおよそ一・五ポイントは政府寄与で、およそ十年ぶりに民間の寄与度（〇・五ポイント）を超えたという。要するに民間部門の落ち込みを政府部門で穴埋めしてごまかしているのである。

さらに文在寅政権は、二〇年度予算を過去最大の約五十二・三兆ウォン（約四十六兆円）と前年比九・一％増やし、その六割強を上半期に執行して景気浮揚を図るという。これは要するに、文大統領就任前から私が予測していた通りのバラマキによるポピュリズムそのもので、より直接的に言えば総選挙対策である。当然、財政の悪化も懸念される。

頼みの綱は、半導体の需給改善であろう。半導体にはサイクル（波）があることが知られているし、データセンターなどサーバー向け、そして5G（第五世代）向け携帯電話のニーズが増えることから、サムスンの主力であるメモリは回復するのではないかという見方が大半で、直近の好況期だった一七年をも上回るとの見方が強いという。サムスンをはじめ、世界の半導体メーカーの株価は、新型コロナウイルスの影響を除けば上昇してきた。短期的には、サムスンの業績は回復するのだろう。

十九年十一十二月期の連結決算で見ても、営業利益は七兆千六百億ウォン(約六千五百億円)で、前年同期比三十四％減少したが、スマートフォン部門は次世代規格「５G」関連が伸びているため六十七％の増益を確保した。半導体も底を打ち、反転を狙っているという。

ただ、サムスンがいかに巨大企業とはいえ、一グループで韓国経済を支えられるわけではなく、またそのようなことが現実化するのは好ましくもない。では、その他の輸出はどうなのかと考えると、自動車や電機は今後も不調からなかなか抜け出すきっかけが見えないのが実情だ。そして、新型コロナウイルスの影響を受けることにもなる。

さらに、サムスンの得意な半導体メモリでさえ、台湾勢、中国勢の追い上げが厳しい。また、現在サムスンが力を入れている非メモリ半導体（ＡＩチップなど）は、顧客のほとんどが米国企業だ。近い将来、韓国が「レッドチーム」に入ることが明らかになってくれば、中国企業と同様、自由主義世界のバリューチェーンから外されていくこともありえるかもしれない。

韓国国内では、全体として、さすがに一九年のような落ち込みは見られないが（特に輸出は一八年十二月以降、対前年同月比でマイナスが続いている）、今後プラスに転じることがあっても、V字で回復するというよりは、底打ちから緩やかな反転程度が精いっぱいなのではないかという冷ややかな見方が強い。

企業経営者も同様のようだ。韓国経済新聞が報じた現代経済研究院のアンケート結果を見ると、韓国の主要企業百九社の約九割が、「二〇年の韓国経済は一九年とほぼ同じ(四六・三%)か、より悪くなる(四二・六%)」と答えたという。

新型コロナウイルスの影響は未知数

ただ、以上の見通しは新型コロナ肺炎の影響を含んでいない。中国では二月十日に工場の操業が認められたが、依然として本格的な再開には至っていない。新型コロナ肺炎終息の見通しは立っておらず、これが長引けば長引くほど、その影響は大きくなる。

オーストラリア国立大学のマキビン教授は、「今回の新型コロナ肺炎による世界経済の損失は千六百億ドルと、SARS当時(約四百億ドル)の四倍に上る」と推定した。ブルムバーグは今年一-三月期の中国のGDP成長率は四・五%にとどまるとみている。

韓国は全輸出の四分の一、香港を含めると約三割を中国に依存しており、「香港に次いで中国の影響が強い国」と言われる。いっぽう現代自動車は、中国からワイヤーリングハーネスという部品の供給が途絶えたため、韓国国内での操業を一時停止した。この例から見てもわかるとおり、両国経済は完全に一体化しているのだ。

　中国からの観光客は六割以上減少し、韓国での消費産業にも大きな影響を与えている。そうしたなか、韓国では新型コロナ肺炎に感染した中国人女性が訪れたというロッテ百貨店やEマート麻浦店が、三日間自主休業することになった。済州島のレンタカーは九割がキャンセルされたという。中国人はもちろん、韓国人も訪れないためである。流通企業の売り上げは十％以上減っている。

　文政権は、これまで経済よりも肺炎予防に力を入れてきたが、今後は経済対策に重点を移していくようである。予算・税制・金融など使用可能な手段を総動員

現代自動車は一時的に国内での操業停止に追い込まれた。

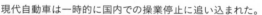

して影響を極小化していくことにしたのだ。

しかし、新型コロナウイルスによる肺炎患者を出していない学校でも、休校となっているところがあるようである。文政権の対応と、国民の意識にはずれを感じる。韓国国内の新型コロナウイルスへの対応は極めて神経質になっており、それ自体は悪いことではないかもしれないが、経済的な影響は想像以上に大きくなることが考えられる。

所得主導成長の完全な失敗

話をもとに戻そう。半導体市況は一国の政府でどうすることもできない。しかし、起きるとわかっていること、現実に起きていることへの政策対応は、完全に政府の責任である。まして起きていることをごまかすなど言語道断だ。しかし韓国では、政権がいい顔をしている陰で、多くの庶民の苦しみが隠蔽されている。

何度も指摘してきたことだが、文大統領の経済政策の柱は、「所得主導成長政策」と呼ばれている。これは、「所得を上げれば消費が増加して経済が成長する」という、資本主義国の経済学者の理論からすれば極めて特異なものである。そんな前後関係を根本的に理解していない政策のおかげで、最低賃金が一八年に前年比十六・四％、一九年はさらに前年比十・九％と急激に引き上げられた。また、労働時間については週五十二時間勤務制も実施された。

このほか手当や有休等を勘案すると、文在寅政権前から実質六割程度、最低賃金が上昇している計算になるという。

これで、いままで通り会社を続けられる経営者はそういないだろう。法令を守らず摘発に怯《おび》えるか、従業員を解雇して自分一人で稼ぐか、海外に事業を移すか、もしくは事業をたたむしかない。

善意に解釈するなら、文在寅政権は「弱い労働者を救いながら景気を刺激できる」と考えていたのだ。しかし実際にやってみたら、景気はますます悪化し、しわ寄せは失業、倒産という形で最も守られるべき弱い人たちへと向かった。最低賃金を上げるなら、先立って労働生産性を上げ、それをもとに行うのが基本だ。それをしなかったため、企業経営は悪化し、輸出競争力は落ちていく。

もはやどこからどう見ても、この政策は失敗である。経済学の主流から外れ、経済合理性に疑問符がつけられている政策でうまくいくとは思えない。

所得主導成長はあまりに評判が悪く、二〇年は約二・九％の引き上げにとどまることになった。そのために、文在寅大統領が謝罪する場面もあった。文大統領が政策の失敗に対して公式に謝罪するのはおそらく初めてであろう。一九年末に韓国政府が発表した「二〇二〇経済政策方向」からは所得主導成長の項目が消えた。

だが、前述した通り、文在寅政権の「言葉」は何ら重い意味を持っていない。年が明ければ、相変わらずの自画自賛である。

二〇年一月七日の文在寅大統領の新年辞では、内容の三分の一が経済問題に割かれたものの、「雇用が明確な回復傾向を見せている」「歴代最高の雇用率を記録」「青年雇用率も十三年ぶりに最高値を記録」などと強調していた。

確かに、表向き一九年の失業率は三・八％で前年比横ばい、若年層（一五～二九歳）では同八・九％と、前年比で〇・六ポイント改善している。

それに対して、国民の反応は当然冷ややかだった。韓国ギャラップの世論調査（二〇年一月五週）で、文在寅大統領の政策を支持しない人の理由は「経済・民生問題の解決不足」が二十四％で圧倒的に多かったのだ（以下、「全体的に解決不足」が七％、「新型コロナウイルスへの対処不足」が七％など）。

経済失政を「ウソ」でごまかす

なぜこのように施策と現実に乖離が生まれるのか。文在寅政権が「雇用を回復した」として誇っているのは、財政を投入し、「望ましくはない形だが統計上は雇用されている人」、つまり「雇用の統計を改善するために雇用されている人」を増やしただけだからである。

政権は「新規雇用が一九年に二十八万人増えたと」しているが、同じ国で起きている現象とはにわかに信じられない政府統計がいくらでも見つかる。

雇用労働部が発表した一九年の失業給付支給総額は八兆九百十三億ウォンだったが、これは前年比でなんと二十五・四％も増えている。一五年と比較するとほぼ倍増だ。政府は「支給期間や支給内容を充実させたからだ」と説明している。しかし、百四十四万人もの受給者の多くは、三十〜四十代の働き盛り層であり、この年代の人々が正規職を失っているとすれば深刻である。ちなみに、この年代の人々は文在寅政権の支持層である。彼らを救えないことは、文在寅政権の経済政策の破綻を意味するのではないか。

彼らはまだ「失業者」だからいつか状況が改善されることを期待しているのかもしれない。しかし、希望を失った人々はもっと深刻である。

統計庁が発表した一九年の非経済活動人口のうち、単に「休んでいる」と回答した人が二百九万二千人で、前年比十二・八％も増加した。このなかには当然「体が悪い」などの理由も含まれる（特に五十代以降）が、四十代の増加率が二十八年ぶりの高率となっていて、若年層では人口比で二十代の五・二％、三十代の二・九％、四十代の二・七％が「何もせずただ休んでいる」ことになるのだという。

その実態は、就職難からの就職放棄、早期退職やリストラ、自営事業失敗などから立ち直れていない人たちの増加である。そして、その人たちはあくまで「非経済活動人口」のひとりなので、職を求めている「失業者」とは見なされず、失業率を悪化させないのである。まさに数字のトリックだ。

政府が失業率を操作、歪曲している

さらに、統計庁が『一九年十二月と年間の雇用動向』を発表しことで、文在寅政権が誇る「雇用の回復」が、ほとんど高齢者によって占められていることが明らかになった。

調査によると、一九年の就業者は前年比三十・一万人増加している。これだけを見れば文在寅政権の主張はもっともだ。しかし、六十代以上の増加分が三十七・七万人もいるではないか。つまり、六十代以上を除けば純減なのである。

要するに、政府は財政支出で高齢者の雇用を増やし、それで失業率を「操作」しているのだ。高齢者の雇用の内容は、環境美化、子どもの保護といった、最低賃金程度で雇用される短期・軽作業が中心である。

雇用の質も議論されていない。同調査によると、良質の雇用とされる製造業、金融業などの雇用者は減少しているのに対して、週当たり一〜十七時間という短時間の労働者が急増している。失業率は改善しても、増えているのは非正規職だけだ。韓国人は忘れているかもしれないが、文在寅大統領は就任当初、「非正規職をゼロにする」と公言していた。しかし、現実は正反対になっているのだ。

「青年雇用率も十三年ぶりに最高値を記録」という説明も「ほとんど歪曲のレベルだ」と、朝鮮日報は報じている（日本語版一月八日付）。

同紙によれば、一九年（一月〜十一月）の青年体感失業率は二三・一％で、この数値を調査し始めた一五年以来で最悪の水準である。体感失業率とは、通常の失業に加え、本人が望んでいない不安定な職に就いている人、就職準備中で労働人口に含まれない人もカウントした数値で、その名の通り「体感」に近い。

政権の言う通り、単に失業率、あるいは青年失業率だけを比較すれば、カラクリのせいで横ばいか改善となるが、国民の体感からは大きくかけ離れている。韓国はＯＥＣＤ（経済協力開発機構）加盟国のなかで、失業者に占める二十代後半の比率が最も高い国（一八年基準）なのである。

もうひとつだけ付け加えよう。文在寅大統領は一月二十日の青瓦台での会議で、「所得第五階級（所得下位二十％の層）に対する分配比率が改善された」と自信満々に表明した。しかしこれは、単に公的な手当が増えただけで、職が行き渡り、働けるようになったわけではない。職に恵まれず、大勢の人々が苦しい生活を強いられているというのに、このように自画自賛を続け、ネガティブな材料は世界景気の悪化や米中摩擦、日本の輸出管理などのせいにする。それが文在寅政権の相も変らぬ特徴である。この調子でいけば、おそらく二〇年は新型コロナウイルスの影響を持ち出すのではないか。

経済悪化原因の分析を回避し、自画自賛を繰り返すだけでは、藪医者と同じだ。正しい処方箋を作れるはずがない。文在寅政権は経済の立て直しを放棄したのか、それとも四月の国会議員選挙に向けて、体裁を繕うことだけを考えて経済政策を実施しているのか。いずれにせよ、抜本的な対策には程遠いだろう。

バラマキ財政出動で赤字を増やす

日本の令和二年度予算案は、過去最大の百二兆円である。韓国は四十六兆円で、その約四十五％だ。いっぽう、韓国の経済規模は日本の約三分の一。ということは、単純比較はできないが、韓国はかなり大型の予算を組んでいることが窺える。

その内訳は、バラマキと批判されてもしかたのない内容だ。一九年に続きインフラ投資（社会間接資本）には二十三・二兆ウォン（約二・一兆円）を投資するほか、中央日報の報道によれば、青年雇用奨励金支給の拡大、高齢者雇用事業拡大、社会サービス雇用の拡充、所得下位四十％までの高齢者へ基礎年金三十万ウォン支給など、とにかく「公的な補助金漬け」

と言っていい状況だ。韓国経済の体質強化に資する施策は見当たらない。私のような立場でなくても、これでは選挙対策の意図が丸見えだろう。

「国民就職支援制度」と称する、原則として六カ月間毎月五十万ウォンを支援する制度、そして公共部門の雇用と続き、雇用創出に約八十兆ウォン（約七・二兆円）が費やされる。

さらに、第五章でも述べるが、与党・共に民主党が総選挙の第一号公約として掲げたのは、「無料のWi-Fi構築」だった。与党に近い正義党にいたっては、「二十歳になる青年に三千万ウォン（約二百七十二万円）の『出発資産』を支給、十九〜二十九歳の単身世帯に三年間、毎月二十万ウォン（約一万八千円）の住宅手当を支給する」というものだった。

企業の利益減少は顕著であり、税収はあまり期待できない。なのに、このように一方的に配るばかりでいいと彼らは思っているのか。共に民主党は政権の座について三年近くたっても、いまだに「財政なんかどうでもいい」という野党の無責任体質を引きずっている。

韓国の国家（中央政府）債務は昨年十一月に七百兆ウォン（約六十三兆円）を突破した。二〇年もさらに積み上がっていくだろう。すぐにどうこうとはならないと思うが、生産性向上や国際競争力強化による経済拡大政策を放棄し、「所得主導成長」にしがみつけばつくほど、国家財政が悪化していくのは目に見えている。文在寅政権と与党は次期以降の政権にツケを回して、いい顔をしているだけである。その末路に財政破たんが待っていることぐらい、わからないのだろうか。また、韓国国民は一刻も早く現実に目を向けてほしいものである。

外国人投資額「史上二位」の実情

すぐ危機に結びつくわけではないが気になるニュースとして、外国人投資の減少を指摘したい。産業通商資源部によると、韓国に対する外国人直接投資は、一八年比で十三・三％減少した。特に中国の六十四・二％減、EUの二十・一％減が目立っている。

ただ、この数字が発表されたとき、同部は「史上第二位の投資実績を記録した」とアピールした。過去最大を更新した前年に次ぐ額（約二百三十三億ドル）だったので、確かにその通りであろうが、どう考えても前年比十三・三％減のほうが大ニュースである。官庁が青瓦台の立場を忖度しているのだろう。

外国人が韓国への投資を鈍化させる理由はさまざま考えられるが、ひとつは、もはや現在の韓国は投資に見合う魅力が少ないということである。低成長時代に突入し、賃金は高くなり、労働時間は短くしなければならず、労働組合はストばかりで、政府は北朝鮮のことしか考えていない。経済政策は紆余曲折が見られ、行き当たりばったりである。韓国では、「いま韓国に投資する人は愛国者だ」という声さえ聞かれる。

外国人が投資する際、カントリーリスクを考慮するのは当然であり、国の安全が担保されていることは最低条件だ。戦争リスクのある国に投資する者などいない。しかし、文在寅大統領の政策といえば「北朝鮮は非核化する」「北朝鮮と一体になれば経済力で日本を凌ぐことができる」と、非現実的な夢を唱えるだけである。北朝鮮の脅威を無視し、防衛力を下げるいっぽう、米国とはＧＳＯＭＩＡの一件をはじめ、もめてばかりだ。

いくら北からミサイルで威嚇されても受け流し、対北制裁にはあまり積極的に協力しようとしない。さらに日本との関係は悪化し、今後も好転の兆しは見出しにくい。これでは、外国人投資家たちが韓国に対して戦争リスクを感じるのは当たり前の話である。

株式市場でもその傾向は顕著だ。一九年、世界の証券市場の時価総額は二十四・四％増であった。米国は二十八・二、中国が三十四・七、日本も十六％増えた。ところが、韓国はわずか三・六％に過ぎなかったのだ。

文在寅政権は何を考えているのだろうか。外国人、それもビジネスマンたちが、そのような「危ない国」に付き合ってくれるはずがない。

地価の上昇がもたらす格差

文在寅政権の「失敗」のひとつに地価の上昇があることは、日本ではあまり知られていないと思う。中央日報日本語版（二〇一九年十二月三日付）によれば、政権発足後の二年間で、全国の地価が二千兆ウォン（約百八十一兆円）ほど上昇したといい、しかも「近年のどの政権よりも高い上昇を示している」のだという。

江南左派のような不動産保有者には、地価の上昇は悪いニュースではないかもしれない。前述のように、韓国にもはや有望なビジネスの投資先が見当たらないなら、外国資産か不動産にでも投資するしかないだろう。KB金融研究所の『二〇一九韓国富裕層報告書』によると、同年に韓国人の富裕層（資産十億ウォン【約九千二百万円】以上）が保有する資産の構成比は、金融資産が二年連続で減少して三十九・九％であるのに対して、不動産は五十三・七％へと三年連続で増加しているという。

資産効果で消費を引き上げようとすれば、不動産価格の上昇は悪いニュースではないかもしれない。

ところが前出の中央日報の記事によれば、韓国国民の七十％は土地を保有しておらず、土地保有者の上位一％が、全土地の約三十八％を保有しているという国税庁の統計があるらしい。これでは、ただ家賃やチョンセ金（一定額を家主側に預託することで家賃がなくなる契約）は高騰するしかなく、庶民は一層苦しくなるばかりであり、所得を消費に回す余裕はなくなるであろう。

また、同紙（同年十一月二十五日付）によれば、文政権以降、ソウルの住宅価格は世界で最も大きく上昇したのだという。記事によれば、韓国鑑定院の八月の海外住宅市場統計を再構成すると、一九年一‐三月期を基準とする二年間の上昇率は、ソウル九・二％に対して、ニューヨーク七・四、パリ一・四、東京一・五、ロンドンがマイナス二・六、北京がマイナス六・九、シドニーがマイナス十・七％だったという。しかも、ソウル市のマンション（韓国ではアパートと呼ぶ）に限れば、実勢で四割程度は上昇しているという。

「土地国有化」が目的か

不動産価格上昇に対する不満に、これまでも文在寅政権は何度も対策を打っている。ただ、「政府の政策がコロコロ変わるために住宅供給のタイミングがつかめず、かえって供給量減、建設投資の鈍化を招いている」というマーケットからの指摘もある。私もこれまで、ただでさえ経済の実務や理論に疎い文在寅政権が行き当たりばったり的に規制を行って、不動産マーケットを混乱、あるいは暴落させるのではないかという懸念を述べてきた。

ところが一九年十二月一六日、韓国政府は私が思いもよらぬ策を打ち出してきた。以下のような新不動産規制策を発表したのである。

・総合不動産税を引き上げる・十五億ウォン（約一億三千六百万円）以上の住宅を購入する際の住宅担保融資を禁止する・九億ウォン（約八一五〇万円）～十五億ウォンの価格帯は

ローンの融資可能額を四十％から二十％へと引き下げる――これらの措置を翌日から直ちに実施し、併せて「複数住宅を保有する場合は二〇年上半期までに売却すれば売却益に対する課税を優遇する」とした。さらに青瓦台の高官にも、一軒以上の住宅を持っている場合は半年以内に売却するよう勧告した。これまでで最も強力な規制で、さらに追加の対策も打っていくという。

そんなさなか、妙に現実感のある話が伝わってきた。「文在寅政権は不動産売買取引許可制を検討しているかもしれない」というのである。中央日報日本語版（二〇年一月十五日付）によれば、姜《カン》キ正《ジョン》青瓦台政務首席秘書官が同日、ＣＢＳラジオの番組に出演して「本当に非常識的に暴騰する地域に対しては不動産売買許可制を設けるべきだという発想をする人たちもいる」とし「こうした主張に政府は耳を傾けなければいけない」と述べたというのだ。

文在寅大統領自身も前日の記者懇談会で「一部の地域は違和感を感じる（ママ）ほど急激な価格上昇があったが、原状回復しなければいけない」「政府は（不動産）対策が時効になったと判断すれば、さらに強い対策を限りなく出していく」と発言していた。それを受けての話なのだろう。

このような制度を本気で考えるとは、もはやマーケットに敵対的な政策という以前に、ほとんど共産主義的な発想である。およそ経済政策にセンスが感じられない文在寅政権ではあるが、センスのなさを隠れ蓑に、まさか土地公有化にまで突き進むつもりなのだろうか。

悪化する企業経営

二〇一九年の韓国経済がここ十年で最悪だったのだから、企業業績が振るわなかったのも当然である。

韓国のトップ企業、サムスン電子の一九年通期連結決算は、売上高が前年比五・五％減の約二百三十・四兆ウォン（約二十・九兆円）、本業での利益を示す営業利益は同五十二・八％減の約二十七・八兆ウォン（約二・六兆円）だった。売上の四割を占めるスマートフォンは好調だったが、同二十五％を占める半導体はすでに述べた通り、世界的な不況の影響が直撃した形だ。

半導体の状況は、韓国第三位の財閥ＳＫグループの主要企業、ＳＫハイニックスの決算を見たほうがわかりやすい。同社の一九年通期連結決算は、売上高が前年比三十三・三％減の約二十七兆ウォン（約二・四兆円）、営業利益は実に八十七％減の約二・二兆ウォン（約二千五百億円）となっている。

第四位のＬＧ電子は、同じく一九年通期連結で、売上高は前年比一・六％増の約六十二・三兆ウォン（約五・六兆円）と過去最高だったものの、営業利益は九・九％減の約二・

四兆ウォン（約二千二百億円）と収益性の悪化が目立っている。特に関連会社ＬＧディスプレイの営業赤字転落などによって、純利益は八十七・八％減の千七百九十九億ウォン（約百六十三億円）となった。液晶パネルは中国勢の猛追で価格が大きく低下しており、ＬＧディスプレイも二〇年内に韓国での生産を取りやめ、現在は同社が世界に独占供給しているテレビ向けの大型有機ＥＬパネルに注力するとしている。

今後、有機ＥＬテレビの普及が最も見込めるのは中国市場で、同社は一九年八月に初のテレビ向け有機ＥＬパネルの海外製造拠点を中国・広州に完成させているが、中国メーカーによる独占供給打破や他の方式による追い上げ、そして液晶パネルの価格低下による影響も受けているため、今後いつまで同社を支えることができるのか見通しは立て難い。

また、ＬＧ電子の主力の一角であるスマートフォン事業は、新製品、新技術を投入して高価格帯が好調なサムスンと比べ、中国勢の追い上げもあって苦戦が続いており、五年連続の赤字を計上している。

いっぽう、韓国第二位の企業グループ、現代自動車（いずれも連結）は増益決算だ。売上高は九・三％増の約百五・八兆ウォン（約九・六兆円）、営業利益も五十二％増の約三・七兆ウォン（約三千五百億円）で、新車投入や出遅れていたＳＵＶの拡充、為替のウォン安が利益増に寄与したという。ただし、自動車を取り巻く行方もまた明るくはない。これについては項を改めよう。

断末魔の中小企業

二〇二〇年は半導体市況の改善を受け、企業業績も回復に向かうという見方がある。しかし、それは輸出型の大企業に当てはまることであり、大企業の下請けや、国内中心の中小企業にとっては無縁の世界である。前述の通り、主要企業対象のアンケート調査では、約九割が「二〇年の韓国経済は一九年と同じか、さらに悪化する」と答えている。加えて、前述の通り、これは韓国だけではないが、新型コロナウイルスの問題が大きく覆いかぶさってくるだろう。

中小企業にとっては厳しい経営環境が続く。大手企業の不振によってコスト抑制が厳しくなるだけでなく、相対的に低賃金であることから、文在寅政権が進める最低賃金引き上げなどの影響を受けやすいからだ。韓国統計庁によれば、一八年の賃金労働者の平均賃金は、大企業が五百一万ウォン（約四十五万円）に対して、中小企業は二百三十一万ウォン（約二十一万円）と半分にも満たない水準である。

韓国中小企業中央会が一九年十二月二十六日に発表した調査結果を中央日報日本語版（翌日付）が報じたところによると、中小企業五百社のうち三十二・三％が「昨年より資金事情が悪化した」と答えたという。原因（複数回答）は、「内需・輸出の実績と直結した販売不振（五十四・七％）」そして「人件費上昇（四十七・二％）」となっている。

そして、勤労者全体の約二十五％を占めている自営業者は、文在寅政権の「所得主導成長政策」による最大の「犠牲者」だろう。

文在寅政権は、一八年一～九月まで連続して「月給を払わなければならない従業員を雇う自営業者」が増えた点を、「自らの経済政策が正しかったこと」の証明として誇っていた。しかし、自営業者が増加した理由は、リストラされたりしてやむなく始めた人が増えたからであり、当時からこの説は批判されていた。それがここへきて、はっきりと数値データが示されてきたため、もはや政府は言い訳のできない状況となっている。

統計庁の「経済活動人口調査」を中央日報（二〇年二月二日付）がまとめたところ、「月給を払わなければならない従業員を雇う自営業者」は、月別では一八年十二月から直近まで前年同月比で十三カ月連続の減少、十二月時点では同マイナス十八万で、一七年に約百六十四万件あった当該自営業者が、一九年末には百四十三・六万件にまで急減したというのだから驚かされる。

韓国の「経済活動人口」が一九年を通じて二千八百万人台で推移していることを考えれば、二年で二十万人もの「町の社長さん」が従業員のクビを切ったり、商売をたたんで消えて行かざるを得なかったりしたのだ。これがいかに悲惨な状況であるか、想像していただきたい。その向こう側には、当然「クビになる従業員たち」も多く存在するのだ。

最近は地方都市だけでなく、ソウルの繁華街にも空き店舗が増えているという話をよく聞くが、この背景を知れば納得である。自営業者向けの融資額、延滞者数や従業員のいない自営業者の数が増加しているというデータも、その惨状を裏付けている。

「大企業を支配して共産化」が最終目標か

文在寅政権は「企業に冷淡だ」と言われる。

中央日報日本語版（二〇二〇年一月三日付）によると、年頭に大韓商工会議所が主催する「あいさつ会（新年会）」は、他の経済団体も参加し、毎年千人規模の経営者等が集まる席で、六十年近く続いている恒例行事である。私も大使時代に度々参加したが、当時の李明博大統領はここで財界関係者に経済政策を説明し、協力を求めたものである。しかし、文在寅大統領は就任後一度も参加していないという。それまでも事情があって参加できないケースはあったものの、基本的に歴代大統領はこの場に出向いて直接財界関係者と交流してきたし、商工会議所側は現在も毎年青瓦台に参加を要請している。しかし、「前日に政府合同のあいさつ会が別途あり、そこであいさつをしている」という理由でやって来ない。このような姿勢をとり続ける文在寅政権のことを財界は、「経済界とかけ離れた存在」と考えている。要するに文大統領は「自分の思う通りにやる」「文政権の政策に協力しなければ、財界にはペナルティが待っている」という姿勢なのだろうか。

翌日の朝鮮日報日本語版にはこのような内容の記事も出ていた。

新年会の場で、中道保守系野党・正しい未来党の孫鶴圭《ソンハッキュ》代表が、「昨年の輸出は前年より十・三％下がった。それでも政府は『経済はうまくいっている』と言うのだから、経済界関係者の皆さんはどれだけ心を痛めているか」と述べたところ、聴衆である経営者たちからは拍手と歓声が上がったという。文在寅大統領こそ参加はしていないが、李洛淵《イナギョン》国務総理（当時）や、経済政策の責任者である洪楠基《ホンナムギ》副首相兼企画財政部長官、金尚祚《キムサンジョ》大統領秘書室政策室長、さらに与党・共に民主党の李海瓚《イヘチャン》代表が同席している。それなのに、まったく彼らにはばからなかったのだ。

企業がはっきり文在寅政権に背を向けるのは、単に「その経済政策が拙いから」とか、「大統領が財界に冷たいから」だけではない。文在寅政権や革新系支持者たちは「大企業の民主化」という美名のもとに、中長期的に「企業を思いのままにする」ひいては「大企業を実質的に乗っ取る（支配する）」ことを画策しているのではないか——そう感じられるから、企業は疑心暗鬼になっているのだ。私にはそう思えてならない。

サムスンにも労組クライシスが

ここで、労働組合の問題を考えてみよう。これまでも韓国では、大企業における労組が経営を無視した行動や要求を繰り返し、政治的な影響力を行使してきた。一般の国民から見れば、彼らは労働者の権利を守るという範囲を明らかに逸脱しており、「貴族労組」と批判され、揶揄されてきた。企業は付加価値を生産し、それが競争力を持つからこそ利益を上げられるのに対し、「貴族労組」はとにかく分配しか要求せず、ストも辞さないからである。しかも大企業の労働者は、すでに述べた通り、中小企業勤めや非正規労働者、自営業者といった一般の韓国国民から見ればもともと破格の待遇を受けている。結局彼らも、「普通の韓国人」には既得権を守る利益集団にしか映らないのだ。

ところで、二〇一九年は労組に関する大きな動きがあった。創業以来「無労組経営」を続けてきたサムスン電子に、事実上初となる労働組合が結成されたのだ。これまでもごく少数の労働者による組合は存在したが、ナショナルセンター（労働組合の全国中央組織）のひとつである韓国労総（韓国労働組合総連盟）傘下の金属労連（全国金属労働組合連盟）に参加する組合は初めてとなる。主要系列企業であるサムソン火災やサムスンディスプレイでも労組が結成される。

これには、サムスン電子幹部などが子会社の労働組合の活動を妨害したとする事件（一九年十二月に一審判決で二十六人が有罪、サムスン電子の姜景薫《カンギョンフン》副社長は懲役一年六カ月の実刑判決を受けて法廷拘束された）と関係がある。サムスン側は国民に対して謝罪している。

また、事実上の「総帥」である李在鎔《イジェヨン》サムスン電子副会長が関わった朴槿恵前大統領のいわゆる「国政壟断（崔順実ゲート）」事件に関し、一九年八月に大法院（最高裁）が二審のソウル高裁の判決を破棄して、差し戻していることも影響していると考えられる。

サムスンには、半導体工場での白血病発生など、従業員の健康管理面で問題があったことは確かだ。労働者の権利は当然に守られるべきであろう。労組側も結成に当たって「特権のない労組」「正しく働く労組」「共生と闘争を両手で握る労組」といった、労使協調的とも受け取れる意思も表明している。

ただ、「今後の闘争課題」として、「給与やボーナスの算定基準明確化」「人事考課と昇進が（会社側の）『武器』となることを防ぐ」「退社勧告を防ぐ」「一方的な強要文化の撤廃」をあげているのは、今後労組が経営に介入しようとする意図を持っているようにも受け取れる。

サムスンは社内に労組を結成させない代わりに、待遇面で社員を優遇してきた実績がある。それにもかかわらず労組が結成された背景には、文在寅政権となって以降、左派勢力である労組が政権の後押しを受けて力を増したことが考えられる。文在寅政権は労組を経営に参画させようとしているのだ。

民主労総はやりたい放題

朴槿恵政権の弾劾を主導し、文在寅政権の有力な支持団体になっているのが、もうひとつのナショナルセンター、民主労総（全国民主労働組合総連盟）である。彼らは比較的穏健的とされる韓国労総とは対照的に闘争的な手法で知られている。また、NL系（民族解放系）の運動家の影響が強いと言われ、北朝鮮に近い立場の主張も掲げている。現代自動車（起亜自動車含む）が最大の組合委員を抱えており、前述した通りマスコミ業界の言論労組も傘下である。

長年、民主労総は韓国労総に次ぐ第二の存在だったが、雇用労働部が発表した「二〇一八年全国労働組合組織の現状」によれば、組合員数は逆転している。これは、民主労総が労働界を代表する「第一労総」として、今後さまざまな政府委員会における影響力を増していくことを意味する。

東亜日報日本語版（一九年十二月二六日付）によると、民主労総の組合員が急増した背景には、文在寅政権による公共部門の正社員化政策によって、かつて非正規労働者組合だったものが民主労総に加わったことがあるのだという。

率直に言って、文在寅政権以降の民主労総は「やりたい放題」である。最低賃金の引き上げなども元は民主労総の主張だし、違法なデモもほとんど見逃されてきた。文在寅政権が進めようとしていた労働改革にも「労働者の権利を損なう」として参加しないほど、自己主張の強い組合である。国会の前で警備に当たる警察官に繰り返し暴行する様子はさすがに国民の大きな批判を受け、金明煥《キムミョンファン》民主労総委員長がいったんは逮捕されたものの、「文在寅政権の誕生を助けた」と自負する彼らの反発もあって、後に釈放されている。そして、政権の組合寄りの政策をも「生ぬるい」として鼻息を荒くしている。

今後、ますます彼らの発言力は増していくだろう。その内容は労働者の権利を守ることから大きく離れ、およそ合理性のない、無理筋の要求ばかりである。

その代表例が自動車業界での見境のないデモの連続だ。一九年の韓国の国内自動車生産台数は三百九十五万台で、ついに懸念されていた四百万台を下回った。「四百万台」には、〇九年の世界金融危機以降再編成されてきた国内のバリューチェーンが崩れるギリギリのラインという意味があるという。

このような状況にあっても、各社の労組はストを繰り返す。構造改革に取り組み、決算でも前述の通り一応の結果を出している現代・起亜自動車ですら台数ベースでは減少、ストライキの頻発に悩まされてきた。ただし、現代自労組では一九年末になって中道路線を志向する勢力が執行部を握ったことで、これまでよりは労使協調に傾くのではないかという会社側の期待もある。もっとも、強硬路線の勢力との差はごくわずかだという。

いっぽう、中堅自動車メーカー（韓国ＧＭ、ルノーサムスン、双竜）は危機的とも言える状況だ。三社合計の一九年販売台数は前年比約十二％減である。

韓国ＧＭはストの繰り返しでＧＭ本社の歓心を失いつつあるらしい。ルノーサムスンは危機感からストへの参加率が下がっているというが、フランスルノーからは世界各地と比較した高コスト体質が指摘され、日産からの委託生産も減少する。このままでは経営自体が成り立たなくなり、本社から見放されるのではないか。双竜自動車もストが続いている。同社はインドのマヒンドラの傘下だが、マヒンドラ側は支援を渋っているという。

このような現象が多発するということは、労組が力を増していると見ることもできるが、輸出がＧＤＰの四割近くを占める韓国で無定見な労組の言いなりになってばかりでは、ただ国際競争力が失われ、労使が共倒れになるだけだろう。ましてや、非合理的な労組が経営の意思決定に関わるようなことがあれば、経営そのものが立ちいかなくなるのではないか。

政府が大企業の経営に直接介入へ

もうひとつ、企業を萎縮させかねないニュースが最近報じられている。文在寅大統領が大企業に対して、国民年金が保有している株の株主権を積極的に活用し、彼らをけん制するというのである。これは労組を通じた支配以上に、自ら乗り出すということである。そうなれば、もはや韓国は資本主義国とは言えなくなる。

中央日報（二〇二〇年一月二十四日付）によれば、文在寅大統領は同二十三日、青瓦台の経済推進戦略会議で、「今後、政府は大企業・大株主の重大な脱法・違法行為には国民年金のスチュワードシップ・コードを積極的に行使し、国民が任せた株主の務めを履行する」と述べたのだ。

スチュワードシップ・コードとは、機関投資家の行動指針のことである。投資先の企業が健全に成長し利益を上げるよう働きかけることは投資家の責務であるという考えのもと、どのようなポリシーをもって株主権を行使するかをあらかじめ公開するわけだ。機関投資家は基本的に投資先の企業を支配することを目的としないため、株主権の行使には積極的ではなかったが、リーマンショック以降、世界的に導入する流れが強まっている。

韓国の国民年金もスチュワードシップ・コードを導入した。朴槿恵政権のいわゆる「国政壟断」事件では、サムスングループの株主構造の再編成において、サムスン物産の大株主である国民年金が反対しないことを条件に朴槿恵前大統領と李在鎔副会長の間の「暗黙的請託」があったとされたため、国民年金としてどのような原則に基づいて投資先にかかわっていくのかを明確にしたのである。そこまではいい。

ただ、大統領が国民年金を持ち出して前述のような意見を表明したことには重大な問題があると言える。何が脱法・違法行為なのかは捜査機関や司法を支配している政府ならどうにでもなる。これは事実上、国民年金公団の出資分を使って、政権がいつでも思うままに直接企業の経営に手を入れると宣言しているも同然なのである。

国民年金は国民の財産であり、国民の老後のために企業から利益を得て、より福祉を充実させれば投資の目的は達成されるはずだ。なのに、経営に介入する可能性が出てきた。そもそも文在寅政権の政治性が反企業的で、経済的センスが箸にも棒にもかからないことは、すでに多くの国民が痛感しているところではないか。

いくら選挙で文在寅氏サイドが選ばれても、それが国民年金の保有株を使い、企業に口を出し、圧力をかけることを国民が付託したと解釈するのはどう考えてもおかしい。

内側から労組が、外側から国民年金の株主権がプレッシャーをかけることになると、文在寅政権、そして革新系団体が「企業を乗っ取る日」も遠くないかもしれない。まるで共産圏の国有企業を目指しているような動きである。

第四章

日韓を隔てる憎悪の壁

明確な軸のない対日政策

序章でも述べた通り、文在寅大統領の言動はもはや「言行不一致」というレベルを超えている。発言の内容が後になって変わることは日常茶飯事であり、その通りに行動しなくても何ら悪びれることなく、平然としている。虚言癖があるとわかっていれば、その人物の発言を真に受ける者など誰もいない。文大統領もそれに当てはまる。だから、その口から発せられる言葉をまとも聞く必要はないと私は思っている。

とりわけ、自らの政策を反省したり翻意したりするような台詞を耳にして、政権の姿勢を判断するのは危険である。日韓関係には根本的に関心がない以上、周辺で何かが起これば、すぐに態度が変わるからだ。したがって、たとえば日本側が「最近、韓国側の態度が軟化した」などと早合点するのは禁物である。

いま、「文在寅大統領の韓国」に譲歩したところで無駄である。彼らは「自分たちが正しいから日本側は降りざるを得なかった」と受け取るだけであり、「韓国側もそれに応じた対応をしよう」などとは考えないからだ。

文在寅政権の真意は、言葉ではなく実際の行動にのみ見出すべきであり、言葉だけを善意で受け止めると日本は裏切られ、ガッカリすることになるだろう。

現在の日韓間における最大の懸案は、いわゆる「元徴用工」の問題である。なぜなら、いま日本が韓国側の主張に応じることは、一九六五年以来、日韓関係の基礎をなしてきた日韓請求権協定の効力を同問題は根本から脅すことになるからだ。それは将来の日韓関係に禍根を残す。だからこそ、たとえ今後どのように韓国側が「見た目の譲歩案」を出そうとも、まともに対応してはならない。

しかし、韓国の現政権がすんなり日本の原則的立場を受け入れる可能性は低い。文在寅大統領や革新系支持層は、「そもそも六五年以降の日韓関係に価値はない」とするばかりか「恥ずべきもの」として捉えており、日本の援助によって発展してきた韓国をむしろ否定する歴史観を持っている。

保守派の貢献を認めないことで国民の分断を図っているのだから、過去の保守政権が請求権協定を結んだこと自体、彼らの目指す「自主独立」の国づくりにはそぐわないし、それが韓国の経済発展のベースとなったことなど認めようとは思っていない。保守政権の体制や業績は一日でも早く清算したいに違いない。彼らも彼らで「妥協してはならない」と考えているのだ。

したがって、非常に悲観的かもしれないが、今後も文在寅政権、あるいは同じような革新系の急進的な政権が続く限り、「日韓関係の改善は極めて難しい」と言わざるをえない。

また、気をつけなければならないのは、責任を伴う抜本的な解決策を示さないまま、韓国が一見歩み寄った素振りを見せ、「日韓関係の膠着はこれに応じない日本のせいだ」と非難してくることである。

日本政府が請求権協定と矛盾するいかなる解決策も認めないことを知っていながら、彼らは企業の責任を盛り込むなど、とうてい協議するに値しない提案をしてくる。当然、日本政府は突き放す。すると、検討すらしない日本に対して「こちらは正しいことをしているのに、解決する気はないのか」と言い募る。そんなパターンの繰り返しである。

結局、文在寅政権にとって日韓関係は、南北交渉や対米、対中政策のために利用したり、国内世論を誘導したり、その目を逸らしたりするためにあるようなものだ。他の懸案に比べて優先順位が低いのである。日韓関係に「軸」があるわけでもなければ、日本を重視しているわけでもない。したがって、対日政策は場当たり的でテクニカルなものとなる。この点は、まるで北朝鮮の交渉戦術を見るような思いすらする。

新年に露呈した文在寅の対日観

自分たちの都合に合わせて言いたいことだけを言い放つスタイルは、二〇二〇年の文在寅大統領による新年辞（一月七日）、同新年記者会見（同十四日）においてもはっきり窺える。

新年辞では、日本について二度言及した。まずは、輸出規制問題について――

「昨年、私たちは『共生の力』を確認しました。日本の輸出規制措置に対応し、核心素材・部品・装備の国産化に、企業と労働界、政府と国民がともに力を集めました。『誰も揺さぶることのできない国』という目標を、全国民がともにしました。数十年間できなかったことが、わずか半年で意味ある成果を成し遂げました。いまや対日輸入に依存していた核心品目を国内生産に変えています。（以下略）」

つまり、日本の輸出管理強化を韓国経済に対する「制裁」や「攻撃」と捉える感覚は相変わらずで、韓国国民は「横暴な日本」に蹂躙された被害者だったにもかかわらず、「わずかな期間で立ち上がった」ということだ。一方的な見解以外の何物でもない。

もうひとつは、外交政策への言及である。

「日本は最も近い隣国です。両国間の協力関係を、一層未来志向的に進化させていきます。日本が輸出規制措置を撤回するなら、両国関係がより一層早く発展していけるでしょう」

日本について「最も近い隣国」「未来志向」という表現を用いたり、「徴用工問題」に触れなかったりしたことで「文在寅大統領が軟化したのではないか」という解釈もあったが、私はそうは思わない。むしろ、輸出管理の強化を日本が撤回しない以上、日韓関係を修復するつもりがないことに注目するべきだ。

続いて、十四日の記者会見における日本関連の発言趣旨を確認する。二百人以上の内外記者が参加し、九十分の予定が約百分間に伸びたという。事前に質問者を決めず、政策分野ごとに挙手する記者を大統領がその場で指名するという形式（見た目は、だが）で進行され、二十三人の記者の質問に答えた。

個人的な印象では、文大統領が言いたいことを引き出すような質問が多く、政策運営の機微に切り込む質問が少ない印象を受けた。

そして終盤に質問の機会を与えられたのが、共同通信の岡坂健太郎ソウル支局長である。岡坂支局長は以下の二点について質問した。

・新年辞で大統領が触れなかった「徴用工問題」には、日本企業の資産の現金化、文喜相《ムンヒサン》議長や原告代理人の提案などがあるが、どんな解決策を構想しているのか

・二〇年東京オリンピックをきっかけとする南北関係の緩和、そこにおける日本の役割、そして文在寅大統領が東京オリンピックの際に訪日して安倍首相と会談する意思について

文在寅大統領は「徴用工問題」について、少し言葉を選ぶようにしながら述べたように見えた。その趣旨をまとめると――

◆（大法院の）「強制徴用」判決の解決問題から日本の輸出規制問題が生じ、そのためにWTO提訴、GSOMIA問題へとつながった。ただし、それらを除けば韓日関係は良好だ

◆まず日本は、「輸出規制」、GSOMIAなど簡単な問題を解決すべし

◆韓国政府はすでに数度にわたって「強制徴用」問題への解決策を提示した

◆韓国国会は法案を発議、原告の団体も日韓共同で協議体を作ることを提案している。韓国政府はその協議体に参加する意思がある

◆日本は修正意見があるなら解決策を提示し、韓国と一緒に考えるべし

◆最も重要なのは被害者たちの同意を得る解決策。これは慰安婦問題も同様だ

◆東京オリンピックには韓国政府として積極的に協力する。韓国からは「高位級の代表」が出席すると予想する（誰なのかは明言を避ける）

「徴用工問題」に関して言えば、その問題の捉え方も、解決策の探り方も、日本側がまったく容認できない内容である。自分が日韓関係を破棄しておいて、「日韓関係は良好」だとは、どの口が言っているのか。原告団の提起した協議体について、菅義偉官房長官は「まったく興味がない」と明言した。それがわかっていて、文大統領は「参加する意思がある」と発言したのだろう。そもそも「原告側の意向に沿って協議する」と言っているだけであり、韓国政府として真剣に解決のための努力をしようとする姿勢がまったく見当たらない。

「司法判断には介入できない」はずが

「徴用工問題」に対する日本の立場は一貫している。それは日韓請求権協定によってすべて解決済みであり、問題があるなら、それは韓国国内で処理すべきである、ということだ。

要するにこの問題は、文在寅氏が大統領になったために吹き出したのである。彼らはこの問題を「悪い日本と妥協し、長年権力を握り続けてきた保守政権の所業を見直す」という観点で捉えている。「我こそが正義」なのだ。

文喜相国会議長案（日韓の企業と個人の自発的な寄付金で基金を作成し、財団を設立する案）や原告団体による協議体案が受け入れられないのは、それらが結局、日韓請求権協定に反して日本側に負担を求めているからだ。特に「日本が謝罪と賠償を行い、徴用工は違法だったと教育していくことを協議する」という原告案は、まったく検討に値しない。これは日本による朝鮮統治が「不法行為だった」という論そのものであり、日韓基本条約の前提を根本から覆すことになるからだ。

韓国政府はそれを知っていながら、日本にだけ責任を負わせようとしている。だが、菅官房長官は「他国の首脳の発言のひとつ一つにコメントしない」「国際法違反の状況の是正を引き続き求める」として、これを完全にスルーした。すると韓国政府は「こちらが案を出して協議を進めようとしているのに、日本は無視している」と言って、あたかも自分たちが問題解決への道筋を示しているかのようにミスリードする。

文大統領の発言に愛想をつかしても、日本は無視するのではなく、韓国側の案の問題点をしっかりと発信するべきだと思う。韓国人は言わなければわからないのである。

再度申し上げる。韓国政府は問題解決に努力するふりを見せるだけで、根本的な解決など目指してはいないのだ。

韓国側は常に自分たちに都合のいいように議論を組み立てる。「徴用工問題」、輸出管理強化（およびそれに対する不買運動）、ＧＳＯＭＩＡ問題が「すべてつながっている」とする韓国政府の一方的な解釈は見過ごすことはできない。日韓あるいは米韓の信頼を揺るがせているという点では共通しているが、これらはどう見ても別々の問題である。それをわざわざ関連づけるというのは、単に自分たちにとって利用できるものは何でも利用するという交渉戦術としてなのか、はたまた日本側とは認識に大きなズレがあるのか、そのどちらかである。

さらに決定的におかしいのは、序章でも指摘した通り、昨年の新年記者会見（二〇一九年一月十日）との矛盾である。そのとき文大統領は「韓国は三権分立であり、大法院の判決に政府は関与できない」としていたのに、その発言をまったく忘れたかのように、一年後に「韓国政府は数度にわたって解決策を提示している」と言ったのだ。たった一年で三権分立は崩れ去り、司法判断を政府が尊重しなくてもよくなったのだろうか。

これより前、一九年十二月二十四日には、中国・成都で一年三カ月ぶりとなる日韓首脳会談が行われた。この会談では日韓双方がこれまでの主張を繰り返しただけで、実質的な歩み寄りは見られなかったものの、同年六月のG20大阪サミットでは握手しただけだったことからすれば、日韓が互いに首脳会談に応じたのは悪いことではない。特に内容的な成果は期待せず、会談を行ったこと自体を双方が成果としたのである。

ただし「軟化」はムードだけである。日韓関係は実質的に何も変わっていないと心得るべきだ。よって、日韓請求権協定が結ばれた「六五年体制」を踏まえない限り、韓国側がどのような提案をしてこようが、日本はけっして応じてはならない。

先人たちの努力を無にする韓国政府

一九年十月、天皇陛下の「即位の礼」に参列するため来日した李洛淵国務総理(=首相/当時)は安倍首相と会談した際に文大統領の親書を渡し、「今後の関係改善を提案した」と報じられた。李首相は会談後記者団に対し「依然として状況は難しく絡まっているが、二日前に(日本行きの)飛行機に乗ったときと比べれば希望が少し増えた」などと述べた。「会談には関係改善の糸口をつかむ成果があった」というニュアンスだったのだろう。

しかし、実態はまったく違ったようだ。会談終了の三時間後、日本では岡田直樹官房副長官が予定にはなかった記者会見を開き、李首相との会談冒頭で、安倍首相が「徴用工判決」を改めて批判した事実を公表した。「(韓国大法院の徴用工判決は)国際法に明確に違反しており、日韓関係の法的基盤を根本から覆している」とはっきり伝え、会談の最後にも同じ趣旨の発言をしたという。国内向けに都合のよい事実だけを脚色してブリーフする韓国政府のパターンは、ここでも変わらなかったのだ。そして問題は、韓国側メディアは韓国政府の発表した内容しか報じないことである。

日本側がこうして明確な線を提示し、「そこを守らない限り日韓関係に改善はない」という意思を表明したのはいいことだったと、私は思う。韓国側はしつこく自分の主張を続けてくる。それが無意味だと悟らせるほかない。いかに国内的に上手に世論の誘導をしても、外交交渉では役に立たないことを思い知らせる以外にないのだ。どのような外交交渉でも、まとめるためには譲歩が必要だ。「六五年体制」も、日韓の先人たちの譲歩、妥協、努力の末に構築されたのである。それをぶち壊す主張を続ける韓国側の要求は、交渉の出発点になりえないし、けっして認めてはならない。

現金化したほうが有利か否か

「徴用工問題」で実質的な進展がないなか、韓国の「徴用工裁判」の原告側は、二〇一八年十月に大法院で確定した被告・日本企業への損害賠償判決が履行されないことに対し、すでに差し押さえている日本企業の株式や特許権など、在韓資産を現金化する申し立てを韓国の裁判所に行っている。いわゆる「現金化」は、早ければ二〇年二月以降にも実現すると言われていた。また、すでに大法院判決が確定した以上、敗訴している三菱重工業や新日鉄以外の企業に対しても損害賠償請求訴訟が行われていて、じきに同様の判断が下され、同じ流れをたどるものと見られる。

文在寅政権は自分たちにとって都合のいい司法判断に立ち入りたくないため、表面上は「現金化」を止めるつもりがない。代わりに政治的なスキームで実質的な解決を目指し、日本企業への影響を止める方法も検討してはいるが、新年記者会見でも「最も重要なのは被害者たちの同意を得る解決策」と述べていることから、日本が納得しうる解決は難しいと思われる。

この際、私は文在寅政権が目先の損得を基準に政治的な判断を下すのではないかと予想する。「現金化」は実現するのかしないのか、どう転んでも問題が発生するのなら、どちらに転んだほうが政権に有利かだけを見極めて行動するのだ。

たとえば、輸出管理問題やＧＳＯＭＩＡの件で「日本に勝った」とアピールできるのなら、「被害者の同意が重要」という前言など躊躇なく翻し、日本と妥協して「現金化」を止めるだろう。勝利する韓国を見せるほうが国民受けはいいからだ。ただ、韓国が勝利する図式にはならないであろう。逆に、日本から何も譲歩を引き出せないと判断すれば、その段階で国内向けに「悪い日本に一歩も譲らず、断固として現金化した」と表明すればよい。それは現実に起こりそうなことである。

また、米国に縛られたおかげでＧＳＯＭＩＡ破棄をテコに輸出管理問題を有利に運ぼうという目論見はいったん崩れたが、だからこそ日本に対してさらに強硬な態度に転じることも十分にありえる。「現金化」に米国は直接関与しないからだ。

問題はいつ、どのようなタイミングでそのカードを切るかである。文大統領は会見で「強制売却で現金化が行われるまで時間的に余裕がない。日韓の対話がスピーディに促進されることを望む」と述べていた。それでも、現金化が選挙にプラスになるのであれば、文大統領は支持層固めと世論へのアピールのため、ＧＳＯＭＩＡの「破棄猶予の再考」とともに迷わず使ってくるに違いない。

「昔もいまも日本が悪い」と喧伝する卑劣さ

日本は韓国側の動きに惑わされず、毅然として臨むべきだ。

日本政府関係者は、さまざまなルートを通じ、日本企業資産の現金化が行われれば「対抗措置を取らざるを得ない」ことを再三ほのめかしている。それが韓国経済にとって痛手となることは避けられないだろうし、当然、日韓関係は「輸出管理の強化」のときと同じように、あるいはそれ以上に悪化するだろう。

韓国側が提示してきた「徴用工問題の解決策」には、彼らなりに日韓関係が最悪化することを避けようとする意図があったと、私は推察する。文喜相案にしても原告案にしても、だ。しかし、それはあくまでも韓国側の描いた路線に沿ったものであり、日韓請求権協定を尊重したものにはなっていない。このような姑息な文政権のやり口に日本は絶対に妥協してはならない。もし「現金化」が実行されたならば、たとえ日韓関係が現状より悪化しても、厳しい対抗措置を取ることをためらってはならない。

「日本は反省していない」「謝罪もしない」「『被害者』に補償しようともしない」……こうした革新系の主張は、はっきり言ってデタラメである。かつての朝鮮統治が合法だったからといって、日本人や日本政府がそこで起きたことを反省していないわけではないし、謝罪の言葉も繰り返し述べてきた。日本政府は「被害者」への直接補償も申し出たが、それは当時の韓国政府が回避したのである。そもそも日本が、戦後韓国が発展するよう心から願って経済協力を行ってきたのは、戦前の統治に対する反省とお詫びの気持ちがあったからだ。文在寅政権はそのような日本人の真心を台無しにしている。日韓関係を破壊しているのは日本ではなく、文政権であるとの認識を持つべきである。

韓国人は日本人に対してさまざまなイメージを抱いているが、なかには不思議なものも少なくない。そのひとつに、「日本人には韓国に対する贖罪意識があるものの、安倍政権やそれを支持する極右勢力が国民を圧迫し、声を上げられないようにしている」というのがある。まったく、とんでもない誤解である。安倍政権に対する極端な偏見によって、このような酷い解釈が蔓延しているのだ。

安倍首相は国のトップとして、日韓関係をまとめる方策を練っているのだ。韓国に対してネガティブな感情を抱いているのは、日本の一般国民のほうである。いまの文政権の対応によって、日本人は韓国に対する「申し訳なかった」という意思を失った。法を覆し、戦後の歴史を無視する文政権に嫌悪感を抱く、多くの声なき声が聞こえている。

守らなければならない六五年体制

韓国側が誤解していることは、各種世論調査の結果を見ても明らかだ。

一九年九月のＮＨＫ世論調査において、「日本政府が韓国に対しどのような態度で臨むべきか」を尋ねたところ、「関係を改善するために歩み寄ることが必要だ」が三十五％だったのに対し、「歩み寄ってまで関係改善を急ぐ必要はない」が五十五％だった。同調査時の内閣支持率は四十八％で、安倍内閣を支持している人よりも、「韓国に妥協するな」と考えている人の割合のほうが多いことになる。

同年十月の日本経済新聞社の世論調査でも、「日本が譲歩するぐらいなら関係改善を急ぐ必要はない」が六十九％にのぼり、「関係改善のためには日本が譲歩することもやむを得ない」の十九％を圧倒していた。安倍内閣を支持しない層でも、六十四％が譲歩による関係改善に反対しているのだ。

要するに、仮に安倍首相や政府与党に日韓関係を改善しようという意思があったとしても、支持層、不支持層にかかわらず大多数の一般国民が「韓国に妥協するのは反対」ということだ。韓国側の認識はまったくの的外れなのである。

安倍首相は二〇年一月二十日、国会の施政方針演説で、韓国を「元来、基本的価値と戦略的利益を共有する最も重要な隣国」とし、「であればこそ、国と国との約束を守り、未来志向の両国関係を築き上げることを切に期待する」と述べている。これは言葉の通り、韓国側が「国と国との約束」すなわち「六五年体制とそれ以降両国が積み上げてきたこと」を守ろうとしない限り、日韓関係の進展はないことを意味している。

まして韓国側が「現金化」によって日韓請求権協定の取り決めを実力行使によって破壊した場合、世論は一段と硬化するだろう。

「普通の韓国国民」が自ら痛感するしかない

GSOMIA問題は、文在寅政権が国の安全保障を無視したものである。また、輸出管理問題では北朝鮮に戦略物資が流れているとの疑惑を自ら晴らす努力をせず、あたかも日本側が一方的に「徴用工問題」で韓国に報復していると主張しているのである。

それでも日本側は輸出管理問題の本質論で対抗し、これに米国も同調して韓国側の肩を持つことをせず、結局は韓国側が全面的に降りざるを得なくなった。

しかし、それでも文政権は自らの非を認めたわけではけっしてなく、いまだに「日本側が輸出管理の問題で譲歩すれば日韓関係が改善する」などと主張している。さらに、マスコミを使って国内世論の批判を抑えながら、反撃の機会を窺っている。政権与党にとって選挙の情勢が悪くなれば、ＧＳＯＭＩＡ再破棄をカードとして切ってくる可能性もある。「正しいはずの自分たちが負けることはありえない」と言わんばかりに、自分たちの「国粋主義」を譲る気はまったくないのだ。

日韓双方とも譲歩する様子がない以上、両国の関係はよくて現状維持、現実的にはさらに悪化していくと見ていい。しかし、現時点で日本側に何かできるわけではない。文大統領が「自分が蒔いた種は自分で刈り取らなければならないこと」を悟るまでは関係改善はない。私は、日韓関係は短期的にではなく中長期的に捉えるべきであると考えている。いま無理に日韓関係を改善しようとして、中長期的に禍根を残すより、文在寅政権の非を主張し、韓国側が変わるのを待つことで、構わないのではないかと思う。

私たちは国際法や「国と国の約束」を守らない国、危険なテロ国家である北朝鮮を助けようとする国を優遇することはできないし、そのような国と、日本ひいては東アジアの安全を脅かすような関係を続けることができるはずもない。

北朝鮮の核開発や人道無視の行為は、国際社会すべてが危険視しているのである。それを文政権は無視し、日米韓の連携を離れ、北朝鮮を擁護する中ロに接近しようとしているが、こうした文政権の対応がいかに危険なものであるか、「韓国国民」が客観的に捉えることができるまで、つまり日米韓の連携がいかに大切で、自由主義陣営にとどまることがどれほど重要であるかを彼らがきちんと理解するまで、日韓関係が好転することはないだろう。その間、韓国の景気は一段と悪化し、外交も八方ふさがりとなって、国際社会のなかで浮いた存在になっていくと思われる。私たち日本人は、「普通の韓国国民」が自分たちの置かれたその状況に気づいてくれるまで、粛々と対応し続けるしかないのだ。

私は「日韓関係をいつまでも放置せよ」と言っているわけではない。韓国国民が文在寅政権に愛想をつかすまで、関係の改善は見込めないということである。

「現金化」には厳しい対抗措置を

「現金化」への対抗措置としては、貿易に加え、金融面での措置があがっている。ただし日本の政府関係者は明確にしていない。

歴史問題では韓国に同情的な姿勢を示してきた朝日新聞でさえ、「現金化された場合、日本政府は国際司法裁判所（ＩＣＪ）への提訴や韓国政府への賠償請求なども検討。現金化によって被った損害と同程度の損害を韓国側に与える何らかの対抗措置も検討しているという」

（二〇一九年十月三十日付）と報じている。

麻生太郎副総理兼財務相は、十九年三月十二日の衆議院財務金融委員会で、考えうる対抗措置として、関税（の引き上げ）、（韓国企業を対象とする）送金停止、（韓国国民への）ビザの発給停止などを例示している。

最も効果的と言われている金融面での措置としては、韓国の通貨ウォンが国際通貨でないことから、現在ウォンを介したドルの調達を助けるために日本の銀行が行っている保証支援をやめることが取りざたされている。これによってドル調達コストは高まり、韓国企業は一層苦しくなる。この措置は、日本の金融機関も利益を生む機会が減るという意味で歓迎できないだろう。それでも日本企業の資産が現金化され、損害が及ぶ事態が発生し、日本国民の多くが韓国に対する報復として支持すれば、やらざるを得ないのではないか。

これらのどこまでが実際に行われるのかはわからないが、韓国側は実際に困難に直面するであろうし、国内世論への対策からも、同等の再報復措置を取ってくることは確実だろう。その繰り返しは、短期的に日韓関係を一層悪化させ、経済的には双方に損害が生じるだろうが、文政権はそれでも日本に譲歩するよりはましだと考えるのではないか。日本は中長期的な視点から韓国側のそうした姿勢に対抗せざるを得ないだろう。

韓国側にとって日本への有効な経済的対抗措置は見当たらない。そのとき、韓国側は日本が嫌がるあらゆる対抗措置を取ってくると思われる。韓国側が得意とするのは「有力政治家が竹島に上陸する」「東京オリンピックでの旭日旗問題や原発事故の汚染水の問題などを取り上げ、国内外への宣伝を強め日本に意地悪をする」などであるが、その結果、日本人の韓国国民に対する反発は一層強まろう。

このような状態は、韓国の「普通の国民」が「日本に対する嫌がらせは日本の反発を招くだけだ」と認識するまで続くだろう。

国際秩序のためにも日本は妥協できない

韓国が主張する「徴用工判決の正当性」は、日韓請求権協定の否定ばかりでなく、戦後の国際秩序の否定をも意味している。韓国が主張する日本統治の「不法行為論」は、古今東西、すべての植民地統治が「不法行為」となる根拠を提供し、理屈のうえでは、すべての宗主国が行ってきたことに対して損害賠償請求が可能になるということだ。韓国以外でそのような賠償を求めている国は知らないし、そのような国際法の見解はついぞ聞いたことがない。

植民地統治の良し悪しは別問題として、そのような考え方は全世界の秩序を揺るがしかねない。米国、英国、フランス、ドイツ、オランダ、ベルギー……それらの国々が、かつて植民地として統治していた現在の国やその国民から「当時の行為はすべて不法だったから」と訴えられて、賠償の支払いに応じるだろうか。

それはまた、サンフランシスコ平和条約に基づく戦後秩序も崩してしまう。言うまでもなく同条約は第二次大戦で戦った日本と連合国との間で交わされた平和条約であり、日本の統治下だった朝鮮（その後の韓国、北朝鮮）は当然そこには含まれない。韓国の歴史観では「大韓民国臨時政府」が日本からの解放を目指して戦ったということになっているが、臨時政府は国家としてどの国からも認められておらず、当然ながら日本の戦争の相手国にもなっていない。国際法上、当時の朝鮮半島は「日本の一部」だったからだ。

韓国はサンフランシスコ講和会議にも参加できなかった。サンフランシスコ条約は朝鮮半島に関して、「日本が放棄して朝鮮の独立を認めること」しか定めていない。日本と「朝鮮」は国際法上交戦していないため、平和条約を締結することも、日本が敗戦国として賠償することもできなかったのである。

日韓基本条約と請求権協定は、旧宗主国と被統治国という特殊な二国が国交を結ぶに当たり、統治が「不法行為」だったか否かは事実上争うこと自体をやめ、「請求権」や「経済協力」といった形で金銭を供与し、さらに日本の官民が朝鮮半島に残してきた財産も放棄した。労働債権を含む韓国側の「請求権放棄」はこれとセットになっている。

以上の枠組みをもって、請求権協定第二条第一項は、「両締約国は、両締約国及びその国民（法人を含む）の財産、権利及び利益並びに両締約国及びその国民の間の請求権に関する問題が、一九五一年九月八日にサンフランシスコ市で署名された日本国との平和条約第四条（a）に規定されたものを含めて、完全かつ最終的に解決されたこととなることを確認する」と定めているのだ。

さらに、この交渉過程には米国の強い意向も絡んでいる。請求権協定を覆すことは、米国が作ってきたサンフランシスコ平和条約から続く東アジアの戦後秩序に対する挑戦でもあるのだ。文在寅政権を持ち上げ「国粋主義」を信奉する人たちは、その危険性を理解していないか、もしくは、わざと破壊しようとしているかである。後者であるなら、もはや交渉の余地はない。

文政権は「日米に従属するのは恥」「中国とは運命共同体である」と考えている政権である。これまでの韓国の発展には韓国国民の努力が基本にあった。しかし、同時に日米との協力があったことは否定できない事実である。しかし、これを否定する文政権であれば、日韓関係の現在の状況は「起こるべくして起きた」ことと観念するしかないであろう。

ここまで日韓関係が悪化してしまったのだから、いっそこれを機会に「普通の韓国人たち」にもサンフランシスコ平和条約の中身を再確認し、戦後の東アジアの安全保障体制を再認識してもらいたい。そうすれば、日本がこれまでいかに韓国の経済発展に尽くしてきたか理解できるだろう。

誤解にもとづく日本への敵意

二〇一九年七月以降の輸出管理問題の経緯については、すでに多くの議論がなされ、また私も各メディアに寄稿したり、出演したりしたので割愛する。そして、本書でもこれまで折に触れてこの問題を考察してきたが、大事なことなのでもう一度、述べておく。

私が本書でいちばん強調しておきたいのは、韓国国民が輸出管理問題の本質を無視した政府からその見解を一方的に叩き込まれ、それを疑いもせず信じていることである。

韓国では、GSOMIA破棄は「日本の輸出管理強化に原因がある」との思い込みがある。だからこそ米国に対して「日米韓の連携が大事なのであれば、日韓の仲介役を果たしてほしい」との過剰な期待がある。しかし、輸出管理とGSOMIAは別個の問題である。

加えて、日韓関係は韓国が国民感情を荒げ、激しく迫ってくることから、世界各国からすれば触りたくないテーマなのである。これまで日韓関係が困難な状況になると米国が仲介に入ることはあったが、トランプ大統領は文在寅大統領に対して「なんであんな奴が大統領になったのだ」（G7における発言）と批判はしても、仲介役に回ることはなかった。

だから、日本は「輸出管理問題は徴用工問題への報復」と言いがかりをつけられるきっかけとなることは避けなければならず、韓国がそう主張することに対しては、毅然と国際社会の理解を求め、韓国が嫌がらせをできないように自分たちの立場を伝えなければならない。同時に日本は文政権の言いがかりがいかに不当なものであるか、韓国の「普通の国民」に理解してもらうことが重要である。

韓国の言論は文在寅政権に忖度することしきりである。そのようななかで日本は何ができるのか。文政権の圧力に断固対抗していく以外ないだろう。

文在寅政権は日本の輸出管理強化を大法院の「徴用工判決」に対する経済報復として捉えた。そして、わざと韓国の弱点を突いてくる「攻撃」に対して「我々は二度と日本に負けない」と宣言。日本を一方的に「加害者」と決めつけて、「被害者」である韓国企業、国民が一丸となって対抗するよう鼓舞するとともに、ＧＳＯＭＩＡ破棄というカードを切って対決ムードを煽るというストーリーを仕立て上げた。

先にも述べたが、これは根本的におかしい。まず、「徴用工問題」と輸出管理問題は、同じ文政権が作り上げた問題としては共通しているが、そもそも両者の性質はまったく異なる。「徴用工」は文政権による「日韓請求権の否定」という問題であり、「輸出管理」は「韓国が東アジアの安保を棄損している」という問題である。輸出管理の強化は「徴用工問題」を有利に運ぶためでもなければ、後者において韓国政府が譲歩すれば前者を引っ込めるという性格のものでもない。

「徴用工問題」に関して日本が提示している原則は、「国際法を守ってほしい」「二国間の約束を守ってほしい」の二点である。

いっぽう輸出管理問題の原則は、安全保障管理貿易における「キャッチオール規制」であって、要するに日本にとって安全保障上好ましくない国に戦略物資が流れないよう、輸出相手国である韓国に要求を続けてきたのに協議に応じないことから、いわゆる「ホワイト国」から除外し、個別の許可を求めることにしただけだ。

韓国で通常通り、半導体生産のために使われる分には問題がなく、これまで供給不足が起きているわけでもない。その先に「転売」しているかもしれないことに関して、「管理を徹底してほしい」と言っているに過ぎないのだ。

輸出管理問題を矮小化してはならない

輸出管理強化の発表がG20直後であり、韓国側が「徴用工問題」で消極的な対応であったこと、日本企業の資産が差し押さえられ、韓国に報復すべきとの議論があったことが、韓国にとって報復のように映ったことは確かだろう。しかし、G20の場で、日韓が輸出管理を巡って争うことは適切ではないことから、そのタイミングでの発表となったのだろうし、日本側にはそもそも「文政権に対する不信感」が根底にあったから、安全保障問題でも不正なことが行われているのではないかとの疑念を深くしていた側面もそこにはあったと思う。

ところが文政権は、日本の輸出管理強化をあたかも豊臣秀吉の「朝鮮侵攻」のように取り上げ、韓国国民の日本製品不買運動や日本旅行ボイコットなどへとつなげて問題を拡大させ、しまいには「日本政府の行いは自由貿易への挑戦である」とまで口にした。

とんでもない言いがかりである。輸出管理の問題であれば、韓国から不正に第三国に転売されている戦略物質について、どの韓国企業が関与し、輸出先でどのように扱われてきたかを韓国側が調査し、疑いを晴らすことが先決であろう。それもせずに「日本が北朝鮮へのさらなる転売の濡れ衣を着せている」と批判するのは筋違いである。そういう対応をとる政権と冷静な対話ができるはずがない。

まるで宣戦布告のような文言を並べて日本への敵愾心を表す文大統領は、韓国国民のハートに訴えかけて扇動し、自らの無為無策を糊塗している。これは、文在寅政権が支持層を引き締める宣伝としてよく用いる手法であり、とりあえずの効果があるかもしれないが、これは韓国にとって中長期的に見ると大きな損失である。自らの目的達成のために、手段を選ばない手法は、結局、国を危機に貶めることになろう。新型コロナウイルスでさらに中国経済の停滞が韓国経済を困難にしようとしているときに、日米との経済関係を損えば自国にとって痛手になるのだが、それを理解していない気の毒な指導者が文在寅大統領である。

日本はあくまでも理性的に毅然と対応するほかないが、忘れてはならないのは、輸出管理問題は日韓関係の枠組みだけで捉えるべきではないということだ。安全保障管理は、たとえば北朝鮮やイランなど、国際社会が手を焼いている国々に戦略物資が流れないために行っているのであって、何も韓国国民や韓国メーカーに経済戦争をしかけているわけではないのだ。

国際社会は、輸出管理の強化策が日韓関係の文脈で語られている限り関心を示さないだろう。しかし、「これは北朝鮮をはじめとする危険な国家への対処である」とアピールしていけば、経済制裁や「瀬取り」と同様に国際社会も断然受け入れやすくなるし、日本の正当性も理解されることになるだろう。そして「日本が韓国に対して輸出管理を厳格化しているのは、韓国から危険な国に戦略物資が流れている可能性に韓国が向き合わないからだ」と説明すれば、文在寅政権の無作為を国際社会とともに批判することができるはずだ。日本が「宣伝」すべきポイントはここにある。

北朝鮮に対する制裁破りに文在寅政権自身が関与している疑いがもたれていることは、さまざまな指摘を待つまでもない。こうした政権の本質そのものを国際的に問うていかなければならないときが来ていると言えるだろう。

GSOMIA破棄撤回の混乱

ＧＳＯＭＩＡの破棄を撤回した際にも、文在寅政権の弱点が垣間見える瞬間があった。政権内部の「自主派」の強硬意見によって、「破棄」は輸出管理問題を打開するためのカードにされてしまったが、日本は何ら譲歩せず、米国からは猛烈なプレッシャーをかけられて文政権は挫折した。交渉としては彼らの完全な失敗だった。

ところが文在寅大統領は、二〇二〇年の新年辞で次のように言葉を並べたのである。もう一度、振り返ってみよう。

「日本の輸出規制措置に対応し、核心素材・部品・装備の国産化に、企業と労働界、政府と国民がともに力を集めました。『誰も揺さぶることのできない国』という目標を、全国民がともにしました。数十年間できなかったことが、わずか半年で意味ある成果をあげました」

まるで勝者のような語りっぷりである。国内向けに政権が作ったストーリーには依然として効力があるようだ。ただし、日本のせいでそのカラクリがあやうく露呈しかけ、強硬に抗議する一幕もあった。ことの顛末は次の通りだ。

一九年十一月二十二日、NSC（国家安全保障会議）でやむなくGSOMIA破棄の撤回を決断した文在寅政権は、一方的に韓国側が引くような印象を国民に与えることを恐れたのか、輸出管理について、WTO（世界貿易機関）への紛争解決手続きを中断するとともに、同問題に関する協議を日本側に申し入れた。

金有根《キムユグン》NSC事務局長は記者会見で、「韓国政府はいつでもGSOMIAの効力を停止させることができるという前提だ」と述べ、輸出規制の撤回がなければ協定の延長は取り消せることを強調。「日本政府はこれに対する理解を示した」と述べた。

つまり、「GSOMIA破棄はいったん効力を停止するだけで、韓国側の都合でいつでも再び破棄できるよ」ということだ。

また、金事務局長は、「韓日両国政府は、両国間の懸案を解決するために、それぞれ自国が取る措置を同時に発表することにした」とも語っている。

ここで注目すべきは、韓国はけっして日本に譲ったのではなく、「自分たちが日本を動かした」ように演出している点である。「GSOMIA破棄をかけて粘ったからこそ、輸出管理問題に関する協議のテーブルに日本を引っ張り出せるようになった」ということなのだろう。

しかし、日本側の見解はまったく異なっていた。

韓国側が申し入れてきた輸出管理に関する協議とは、安全保障上の重大な懸念を解消すべく戦略物資の扱いを厳重化する建設的な話し合いが想定され、WTOへの紛争解決手続きの中断を含めて、経済産業省は歓迎した。当然ながら、GSOMIAとはいっさい関係がないので、日本側の発表を行ったのは政府首脳や安全保障にかかわる担当者ではなく、経産省の飯田貿易管理部長だった。

翌日以降、日本のメディアは「日本のパーフェクトゲーム」（産経新聞）などと報じ、日本が何ひとつ譲歩していないという事実を淡々と伝えたのだが、その内容が韓国内にも伝わり始めると、青瓦台は慌てて火消しに走ることになった。

鄭義溶《チョンウィヨン》青瓦台国家安保室長は自ら会見を要求し、日本側の発表は「意図的に事実を歪曲させたもの」として、「日本に抗議した」と発表した。

その主張は、「日本側が同時発表を守らず事前にメディアにリークし、韓国側よりも正式発表を遅らせたこと」「韓国側がWTOへの提訴を中断したからこそ協議を開始する、と日本側が伝えたこと」「協議はあくまで協議であって輸出管理強化は続けると経産省が発表したこと」を非難するものだった。

鄭室長は日本側の反応を受けて「文在寅大統領の抱擁外交の判定勝ちだ」と主張、安倍首相が「何も譲歩しなかった」と発言したという報道に対して、青瓦台幹部は「それが事実ならば、非常に失望する。日本政府の指導者として、良心からの発言なのか検討せざるを得ない」と話したという（朝鮮日報日本語版、同十一月二十五日付）。

それでも「文政権は正しい」と考える人々

なぜ彼らはここまで強硬に反応するのだろうか。韓国側は「協議」を規制（管理強化）の撤回に直結するイメージで語っていたのに、日本側から「協議は開始するが、輸出管理強化は続ける」「ＧＳＯＭＩＡとこの件は無関係」と発表されてしまうと矛盾するからだ。いずれにせよ、協議が始まれば真実は明らかになる。それでも文政権は歪曲して説明しているのだ。

文在寅政権の「誤りを認めず、謝罪しない」という性質は、ここでも際立っている。経済失政に関する対応やレーダー照射問題のときと同じである。

ただ、文在寅政権はこれで案外、国内世論のコントロールに成功しているのもまた事実であり、なかなか私たちには理解の難しいところでもある。後述する通り、あれだけ「不買運動」や「日本旅行自粛」が燃え上がり、直前の世論調査でも「破棄すべき」が大勢だったにもかかわらず、ＧＳＯＭＩＡ破棄撤回に関してはおおむね賛成に転じている。

破棄撤回直前の十一月十八日にリアルメーターが発表した世論調査では「ＧＳＯＭＩＡ終了決定をそのまま維持すべき」五十五・四％に対し、「撤回し延長すべき」三十三・二％を大きく上回っていた。与党支持層では八十八％が「そのまま維持」を支持していた。破棄撤回発表直前十九～二十一日における韓国ギャラップ調査でも、「破棄がよい」五十一％に対し、「破棄は間違っている」が二十九％だった。

ところが、いよいよ破棄が撤回された後、韓国MBCがコリアリサーチに依頼した世論調査では、韓国政府がGSOMIA終了を「条件付きで撤回したこと」について、「よくやった」七十・七％に対し、「誤った決定」は十七・五％しかなかった。それまで「破棄しろ」という国民が大多数を占めていたのに、これは意外な結果だった。言い換えれば、それは短期間のうちに都合よく体裁を整え、メディアを使って国民を丸め込んだ文政権の「宣伝力」がいかに優れているかを表している。

もっとも「今後の交渉で日本が輸出規制を解かなければ、GSOMIAを終了しなければならない」という項目には五十三％が賛成し、「輸出規制とは別に、韓米日安保協力のため維持すべき」の四十一・五％を上回っている。国民感情を巧みにコントロールしている様子がこの数字から読み取れる。

「韓国の世論調査は信じられるのか」――それは言い出せばきりがない。ただ、GSOMIA破棄を撤回した韓国政府の動きは、日本では文政権の自滅、自爆のように映っているが、自国メディアにしか触れていない多くの韓国人たちは、それでも「大統領は日本から成果をもぎ取った」と信じている——ということがこの顛末からよくわかったのである。

不買運動に見る韓国社会の矛盾

あるいは、矛盾するかのように見える世論調査の結果は、こう解釈することもできるかもしれない。

「日本に対して正しく対処しなければならないからGSOMIA破棄は支持するが、輸出が元通りになり（これは韓国側の誤解で実は何も変わっていないのだが）、日本の経済攻撃が終わるのであればそのほうがいい」と考えている韓国人が多いのではないか、ということだ。

輸出管理問題を日本の攻撃になぞらえた政権与党や革新系支持者は、対抗措置として不買運動や日本旅行ボイコットを始め、けしかけた。その効果として「旅行客の減少であえぐ日本の観光地」や「閑古鳥の鳴く日系ブランドの店内」といった、韓国人の溜飲が下がる場面もあったし、品質は劣っていても国産品や他国の商品、素材で代替可能な技術が本当に開発されたのかもしれない。

しかし、韓国企業の一線で活躍する人であれば、あるいは技術に詳しい人であれば、依然として日本の素材以外では事実上代替が不可能な製品が数多くあることをよく知っている。そこを感情論で無理に乗り越えようとすれば、コスト高、時間のロスに襲われ、国際競争力を削がれてしまう。もともと国交正常化以降、日韓が分業することで互いに産業を最適化し、近年はそれが高度に絡みあっていたのだから。

それは「普通の韓国人」の日常生活においても同じことが言えるのではないか。価格と品質で考えれば、彼らは日本の商品を選ぶケースが多いからだ。

また、近くて安くて安全な旅行先として日本は最適であることはわかっているのに「声の大きい人たち」から「それは正しくない」「この時局に何をしているんだ」「韓国人として恥ずかしくないのか」と指をさされることを恐れ、遠慮していただけではないのか。撮った写真をＳＮＳで発信したい若い人ならまだしも、両親孝行のための旅行であれば、ベトナムよりも負担の少ない日本のほうが好まれるだろうに。

「親日派批判」を声高に語り、文在寅大統領がいまも執着する曺国氏が、「ノージャパン」で盛り上がるさなか、法相就任前の記者会見で使っていたボールペンは、韓国でも書きやすいことでよく知られている三菱鉛筆の『ジェットストリーム』だったこと、妻が拘束され、曺国氏とともに拘置所へ面会に訪れた息子が着ていた服がユニクロ製と推定されたことなどは、コメディを通り越し、一般庶民の目に映る不買運動の無益さ、無意味さを表しているように思えてならない。

二〇二〇年、旧正月の旅行先としては結局東京がトップになり、国別でも日本が一番だったという（カレンダー上、休みが短かった影響もあるが）。旅客便では一部の日本路線の予約率が八割を超えたという。ユニクロや無印良品といった日本の人気ブランドでは、アプリのユーザー数が一九年上半期（つまり不買運動前）の水準に迫っていて、「不買運動は下火になっている」という報道もある。

日本経済新聞が中国の環球時報、韓国の毎日経済と共同で行った経営者アンケートでも、二〇年の日韓関係について「改善する」という答えが韓国で七十一％（日本では四十九％）に達したという。ここからも、本音と期待感が透けて見えるではないか。道理に合わないことは続かないし、続けないほうがいい。

難癖レベルの反日アイコン

四月十五日の韓国国会議員選挙に向けて、彼らがいままで以上の「反日」を隠しているリスクに、私たちは備えるべきである。文在寅政権はそもそも対日政策を重要視していないため、他の都合があれば、いくらでも反日を道具として利用する。それがいっそう強まることも大いに想定されるからだ。

さらに、ＧＳＯＭＩＡの破棄撤回以降、韓国では反米の気運が高まっているが、これ以上米国と正面衝突すれば、相手のプレッシャーによって国内世論が不安になりかねない。まずは「手堅い」反日のほうが、使い勝手がいい。

その例として、最近最もわかりやすいのは「旭日旗」の問題、そして「放射能」である。これらは難癖レベルの反日アイコンとして使われ、海外でも呆れられ、やり玉にあげられている。文在寅政権やその支持者たちがいかに日本を軽視、敵視しているかの表れだし、さらにいまや韓国政府そのものが加担している点は見逃せない。

旭日旗については、民間や報道において「戦犯旗」という独特の呼称が使われ始めてから、まだ十年足らずである。まず「戦犯旗」が何を根拠にした概念なのか理解するのが難しいが、どうやら「かつて戦争犯罪を働いた国が当時使っていた軍旗」を指すらしい。

日本は、そのような概念に基づいた批判をかつて交戦した国々から受けたことはない。また、自衛隊が使用している旭日意匠の自衛隊旗を認めないという国は韓国以外にない。おそらく、そこには何ら過去の「戦争犯罪の肯定」や「軍国的思想の象徴」は見出されておらず、ただ国際的に日本の自衛隊であるという、識別のための旗とされているからだろう。

だが韓国側は、旭日旗や旭日模様をあしらったデザインを見つけては、使用者に対し「日本の戦争犯罪を肯定するのか」と連絡する運動を強めている。もとより旭日旗や旭日模様は太陽と光を意匠化したもので、世界中に類似の表現があるし、日本国内でも長い間、日本という国の「おめでたいデザイン」として使用されてきた。大漁旗や朝日新聞社の社旗、食品のデザインなど例をあげればきりがない。また海外でも「日本らしいデザイン」としてよく使われるし、在日米軍もその部隊のマークに旭日意匠をあしらうことで、日本駐在の部隊であることを示している。

旭日旗への憎悪は国粋主義の裏返し

そのようななか、二〇一八年十月に済州島で行われた韓国海軍国際観艦式に、韓国側は海上自衛隊を招待しておきながら、軍艦旗である自衛艦旗（旭日旗）の掲揚を認めず、結局海自が参加を取りやめたことがあった。この件からも旭日旗問題には韓国政府の影がはっきりと見え始めている。

どのような考えがあろうと、他国の軍艦は他国の領土の延長であり、軍艦旗（自衛艦旗）を掲げることは日本の問題（というよりも表示することが義務）である。「掲揚を認めない」ということ自体が成立しえない。

かつて韓国での観艦式に自衛艦が参加した際、自衛艦旗掲揚は何ら問題視されなかった。韓国側で何が変化したのか。

日本の外務省は「このままでは旭日旗や旭日模様が誤解を受ける」として、一九年五月か

2019年9月、国会で東京五輪での旭日旗使用禁止を求める決議が可決された。

らその歴史や文化的背景をホームページで発信し始めた。すると、これに対しても韓国外交部は「謙虚な態度で歴史を直視する必要があると考える」と批判している。「態度」に対して「謙虚ではない」というのは文在寅政権がよく使うフレーズだが、批判の内容以前にあまりに感情的に過ぎる。

輸出管理問題で一挙に反日感情が高まるなか、東京オリンピック・パラリンピックにおける旭日旗の使用について、韓国側はさまざまなルートを通じアピールを続けた。だが、同年九月十二日、韓国政府の要請に対してIOC（国際オリンピック委員会）は「（旭日旗使用で）大会期間に問題が発生した場合、個別に判断して対応する」と述べるにとどまり、旭日旗禁止には触れなかった。

日本の外務省はさらに十一月から、韓国語でも旭日旗の説明と理解のために発信を開始した。これに対抗したのか、韓国政府は十二月、公式ツイッターで「旭日旗は憎悪の旗だ。平和の場である五輪で応援旗として使われてはならない」と投稿を行っている。

立場は立場としても、「憎悪」という言葉はやはり一国の行政府としては特異だ。「だから文在寅政権はおかしい」ということで終わってもいいのだが、私はむしろ、なぜ文政権以降旭日旗に対する反応が硬化したのかについて関心がある。仮説としては、「これこそ韓国革新系の国粋主義的考え方の裏返しではないのか」ということだ。

自衛艦が参加を取りやめた済州での観艦式で、韓国軍の最高司令官たる文在寅大統領が座乗した軍艦には、「帥」の文字が描かれた旗が掲揚されていた。これは、一六世紀に豊臣秀吉の水軍と戦った韓国水軍の英雄、李舜臣《イスンシン》将軍に由来する「帥子旗」だという。

だが、この旗を掲げた韓国側は、旭日旗を非難した立場と矛盾している。彼らは自衛艦旗の掲揚を避けるため、各国には国旗だけを掲揚するよう要請していた。にもかかわらず、自分たちは正式の軍艦旗ではない、日本に「勝った」水軍の旗をわざわざ掲げたのだ。そのほうがよほど国際儀礼的にはまずい。

私は、こうした考え方こそが彼らの「国粋主義」の実像を色濃く示しているのではないかと考えている。そして、旭日旗への根拠なき、そして過剰としか言いようのない反応も、その裏返しから来ているのではないのか。

同時に、韓国国内でここ十年の間に急に旭日旗問題が浮上したこと、裏を返せばそれまでは触れてこなかったことに対して、「旭日旗問題が知られてこなかったこと」「自分たちがいままで無知だったこと」を反省するべきだという雰囲気が醸成されていることも見逃せない。これは「徴用工問題」や「慰安婦問題」についても同様である。「かつての政権は日本に甘かった」「自分たちはそうではないのだ」というアピールに使っているのではないか。

東京オリンピックと放射能

福島の放射能の問題を過剰に取り上げるのも、同様の側面があると言える。韓国マスコミは「日本政府が放射能汚染の実態を隠している」というフレームをとかくかぶせたがる。無論、福島原発事故の放射能の影響は当該地域に限って言えばいまも残っているし、いわゆる汚染水の処理に関しては議論と説得が続いているが、それが東京オリンピックの危険性につながるようなものではないことは、多くの国が知っていることだ。そうでなければ、そもそもオリンピックなど開催できないではないか。

そして、韓国では一般の国民を巻き込んだ「放射能への漠然とした恐怖」で語られやすいこの話題が、日本では原発事故で厳しい思いをしている人たちへの心ない態度であることを、韓国人は知るべきだ。

福島の原発事故から約九カ月後の二〇一一年十二月、日中韓首脳会談が日本で開かれた。この時、日本の野田佳彦首相は中韓の首脳に地震の被災地域を訪問するよう求めた。李明博大統領は直ちに応諾し、かつ福島では野菜の試食にもその場で応じた。中国の温家宝首相は躊躇していたが、李大統領が先に日本の被災地を支援する姿勢を示したことから、結局これに応じた。

私は大使として後日、李大統領に感謝を申し上げた。ちなみに文在寅大統領であればこのようにはならなかっただろう。韓国では大統領次第ですべてが変わるということである（後に李明博大統領も竹島に上陸して、反日を政治利用したが）。

二〇一九年十二月、安倍首相は成都での日韓首脳会談で「福島原発から排出される水の放射性物質は韓国原発の百分の一以下であり、透明性をもって情報提供している」と説明した。同時に、韓国が食品輸入に規制をかけていることに対しては、科学的に議論するよう求めたという。

文在寅大統領は特に反論をしなかったそうだ。優先している「正しさ」がデータやファクトに基づいていないのだから、反論できるはずがない（陰に回ってから悪口を言う）。

こうした、さまざまな角度やテーマからの「反日」は、文在寅政権や革新系の勢いが続く限り継続するだろうし、もっと強まると見ておいたほうがいいだろう。ただし、「それが多くの韓国国民の本心か」というと、それもまた正確ではないと考える。

とにかく現政権は言論を牛耳り、「宣伝力」に長けているうえ、そこには保坂祐二世宗《セジョン》大学校教授のような、いわゆる「良心的日本人」（保坂氏は韓国に帰化しているが）が加担していることも見逃せない。保坂氏がどのような信条を持とうと自由であるが、著書やマスコミへの出演を通して、革新系の「口に合う」ように事実を曲げ、改編した日本論を流布している点は見逃せない。「安倍政権は軍事大国化と大日本帝国への回帰を目指す極右」「安倍はヒトラー」などと彼は繰り返し主張しているし、最近の著書は『安倍、彼はなぜ韓国を倒そうとするのか』（知識の森社）である。テレビで堂々とこのような言説が流れてくるのだから、信じてしまう韓国人は少なくない。さらに、彼がもともと「日本人」なだけに、「正しい情報が伝われば、多くの日本人も保坂氏のように考えるだろう」という誤解をも韓国国民に与えている。彼が「良心的日本人」といわれるゆえんである。

本当は、安倍首相、安倍政権以上に、一般の日本国民のほうが文在寅政権を嫌っているのが事実なのに、わざとそこを見せないようにしているのだ。

保坂氏のような「良心的日本人」たちが、話を混乱させ、複雑にし、日韓双方の憎悪を増幅している責任は極めて重いと、私は思う。

「慰安婦合意」を法的になかったことにしたい

日本ではあまり大きく報じられなかったが、二〇一九年十二月二十七日、韓国の憲法裁判所は「慰安婦問題」に関してひとつの判決を下している。

「慰安婦」被害者の一部と遺族が、十五年十二月の朴槿恵政権による「日韓慰安婦合意」は違憲であるとの確認を求める「憲法訴願」を申し出ていたのだが、憲法裁は裁判官全員一致でこれを却下した。

この文面だけを見ると、まるで「慰安婦合意」が合憲であると憲法裁が認めたようにも感じられる。事実、ＮＨＫや一部韓国メディアですらいったんそのように報じている。原告たちも却下に対して「胸が詰まる」「くやしい」などの反応を見せた。

しかし、却下の理由は「慰安婦合意」が「合憲」だからではまったくない。この合意が合憲か違憲かは「審判請求の対象にならない」から却下しただけである。聯合ニュース（同日付）によれば、判決は「（慰安婦）合意は外交的協議の過程での政治的合意であり、過去の歴史問題の解決と韓日両国間の協力関係の継続のための外交政策判断と、それに対するさまざまな評価は政治の領域に属する」としている。要するにこれは、「慰安婦合意」は法的なものではなく拘束力もないため、「憲法裁が原告の権利が侵害されたかどうかを判断する対象になりえない」というロジックである。

むしろ日本側として注目すべきは、憲法裁が「慰安婦合意に法的拘束性はない」と判断したことだ。つまり、今後裁判になったとしても、「慰安婦合意」にはまったく影響されずに判決が下されるということである。文在寅政権も「それが司法判断だ」として放置することで、「慰安婦合意」は破棄する以前に「法的になかったこと」にできるわけだ。

これと並行して行われている「慰安婦」被害者による日本政府への損害賠償請求裁判も行方が懸念される。そもそも他国の法廷において外国政府は被告になりえない（主権免除）として、日本政府は訴状受け取りを拒否しており、韓国政府に対して「当然、訴訟自体が却下されるべきだ」との立場を示している。裁判は訴状の公示送達（訴状を一定期間公示し届いたと見なす手続き）によって、被告不在のまま進行している。

原告側は今後、近年の人権法の発達の状況に合わせて、日本政府の主権免除を覆す論理を裁判所に説明すると見られる。むしろ、裁判所側もそれを推奨するかのような指摘をしているため、注意が必要だろう。この裁判も「不法行為論」によって、当時存在すらしていなかった韓国の法制度に基づき、本来出せるはずのない判決を出すのだろうか。

第五章

大韓民国を終わらせるな

国粋主義者たちが押し寄せる国会

二〇二〇年の韓国第二十一代国会議員選挙（総選挙／韓国国会は解散がないためか、選挙や議員を「第〇代」と付けて呼ぶ／一院制）は、結果によっては、文在寅政権、今後の韓国社会、さらには日韓関係はもとより、東アジアの行方を大きく左右する選挙になる。日米への影響は甚大だ。最終章では、総選挙を中心に韓国と日本のこれからを考え、私なりの見解を述べていきたい。

まず、一般論として、韓国の選挙は日本と比べてダイナミックである。選挙運動やパフォーマンスが賑やかという表面的なところだけではなく、たとえ告示後であっても、情勢が大きく、ときに予想外に変化する。それは、韓国人の思考が論理的というよりも、感情に動かされる傾向にあり、直前の状況、雰囲気によって結果が左右されるからである。私が、韓国の選挙の行方を尋ねられたとき、常に「わからない」と答えるのはそのためである。

〇二年の大統領選挙では、前年末時点の世論調査（朝鮮日報・韓国ギャラップ）で次期大統領として当選が予想される率がわずか一・六％に過ぎず、当初はダークホース的な存在であった盧武鉉氏（新千年民主党）が投票日直前、新党・統合21の鄭夢準《チョンモンジュン》氏（国会議員／現代財閥創業者鄭周永の六男／サッカーW杯日韓大会の招致で人気を集める）に「より優勢なほうに一本化しよう」と呼びかけ、鄭氏がそれに応じたため、僅差で当選を果たした。その前の一九九七年大統領選挙でも、金大中氏が自分の政敵であった朴正熙元大統領の右腕だった、金鍾泌氏と組んだことで、優勢が伝えられた李会昌《イフェチャン》氏（ハンナラ党）を逆転している。

そして前述したように、前回の国会議員選挙（一六年）でも、誰もが勝利すると思っていた「選挙の女王」朴槿恵前大統領のセヌリ党が思わぬ惨敗を喫し、それ以降、朴政権は急激にレームダック化している。それはセヌリ党内で候補者擁立を巡り内紛があったためである。私の印象としては、投票直前に一般国民の心を大きく動かした候補や勢力が勝利するようだ。

地域によってははっきり投票行動が分かれるのも、韓国の選挙の特徴であった。伝統的に慶《キョン》尚《サン》道《ド》では保守系が、全羅道《チョルラド》では革新系が際だって支持されてきた。ただこれは、文在寅大統領が選出された前回（一七年）の大統領選挙、そして直近の統一地方選挙（一八年）を見ると、その傾向が弱まっている。

韓国の人口は約五千二百万人だが、そのうちソウル首都圏（ソウル特別市＋仁川広域市＋京畿道）の人口が二千六百万人強と半数を超えている。まさに、日本の首都圏以上の「超一極集中」である（首都圏の定義にもよるが東京圏の人口は総人口の三ないし四分の一）。こうなってくると、地縁や歴史的経緯、地域格差よりは、次第に利益集団の存在感が高まるし、現在と今後の政策によって投票行動を決定する無党派層の影響が強まる。

他方、年代による格差も見られるようになっており、五十代後半以上の人は保守系、三十代から五十代前半の人は革新系、二十代は生活重視派というのが一般的な分析である。

今回の国会議員選挙では、文在寅政権および与党・共に民主党に対して有権者がどのような中間評価を下すのかに関心が集まっている。しかし、それ以上に私が注目するのは、文大統領に近い国粋主義的な考え方の人々が与党内でどのような地位を築くのか、ということだ。

彼ら文体制の支持者（正確には活動家と呼ぶに相応しい）たちは、すでに政権によって青瓦台のスタッフや政府の関係団体に送り込まれているが、そのうち約七十人の文在寅氏側近が候補者となる見込みなのだ。これは見方によっては、「文在寅チルドレン」による与党乗っ取り工作ではないか。今後の韓国を占ううえでも、その動向を見逃してはいけない。

検察改革を最優先させた駆け引き

韓国の国会議員選挙はどのような制度で行われるのか。

一九八八年の第十三代以降、前回（二〇一六年／第二十代）までは、日本の総選挙と同様、小選挙区比例代表並立制を採用してきた。有権者は原則として自分の選挙区（小選挙区）における候補者、そして比例（全国）における政党名の二票を投票する。定員三百の内訳は小

2019年12月30日、「高位公職者犯罪捜査処」設置法案が可決された。

選挙区二百五十三、比例代表四十七であり、典型的な大政党有利、二大政党制を生みやすい制度だったと言えよう。

今回の選挙では、この制度の一部が改正された。ポイントは「どのように改正されたか」と「どのような経緯でそうなったか」の二点である。

まずは簡単な経緯を説明しよう。文在寅政権と与党・共に民主党は、現在の選挙法を中小政党に有利な制度に変更することを条件に、自由韓国党（当時）以外の中小政党の賛同を集め、検察改革法案（「高位公職者犯罪捜査処」設置法案）をファストトラック（迅速処理対象案件）に指定することに成功した。

というのも、ファストトラック指定には

原則として議員の六割の賛成が必要なのだが、共に民主党は過半数を得ていない少数与党で、この線には到底足りない。そこで、俗な言い方をすれば、中小政党に「次回総選挙での議席増の可能性を与える」ことと引き換えに、検察改革法案を選挙法改正案と同時にファストトラック案件に乗せる取引を行ったのだ。除外された自由韓国党を無視する形で、ともに一九年一二月末に国会を通過させることができた。

この後の制度変更点を読めば、確かに政権与党には現在よりも不利な制度に改正されたと映る。ただ、それだけではないと私は見ている。この制度改変にも文在寅政権の謀略が潜んでいるように思えるのだ。その中身とは、新たな選挙制度を使って革新陣営の勢力を拡大させ、国粋主義的な政権を長期的に維持しようとする目論見である。彼らにとっては、それだけ検察改革の優先度が高かったのだろう。

文在寅政権や与党の支持率はさまざまな理由で上下しているが、いっぽうで与党よりもさらに左派の正義党は手堅い支持率を保っている。そればかりか、支持率の推移を見ていると、与党から離れた層は主に正義党支持に流れ、与党の支持が高まるとまた戻っていく。つまり、正義党は与党と補完的関係にあることが推察される。これは同時に、文在寅政権に失望した人をなかなか取り戻せない中道保守勢力の苦しみや弱さをも表している。

正義党はさまざまな左派系政党や団体にルーツを持つ政党であるが、与党よりさらに過激な左派であるとともに、文在寅政権やその核心的支持者とは近い考え方を持っている。文在寅氏自身、与党内で関係の薄い勢力より、正義党のメンバーとのほうが話は合うのではないか。おまけに文氏の娘は正義党に入党したし、国会での聴聞会をしばしば軽視して人事を断交する文大統領も、正義党がはっきり反対すれば撤回することがあるという。

ということは、たとえ今回の選挙制度で与党・共に民主党が単独で戦えば不利になったとしても、正義党が恩恵を受けて議席を増やせばそれでいいし、与党内で減少する分の議席はできるだけ政権中枢から遠い派閥がかぶるよう、うまく調整すればいい。無論、一八年統一地方選挙のように与党圧勝の展開になれば、ますます言うことはない。

要するにこれは、検察改革法案と引き換えに与党が血を流したように見えて、実は「独裁」に一歩近づくための巧妙な仕掛けではないのか。まさに謀略である。もちろん、彼らの目論見がそのままうまくいけば、の話ではあるが……。

選挙制度に潜む巧妙な仕掛け

選挙制度は、当初はもっとドラスティックに変えようという動きもあったが、与党内からの反発もあって、ある程度マイルドな改正に落ち着いた。計算方法がやや面倒になったのだが、その内容を簡単に説明すると以下の通りとなる。

定員三百の内訳や有権者が投票用紙に書き込む内容（選挙区に候補者名、比例に政党名）は前回までと同じだ。変わったのは比例代表における票の配分方法である。

まず、四十七の比例議席を十七と三十に分け、十七は従来通り比例代表制で按分するが、残りの三十議席は一般に「準連動型比例代表」と呼ばれる特殊な方法で配分することになった。ここが最大のポイントである。

この「準連動型」は、各党の比例における得票率をいったん総議席数（三百、正確にはそこから無所属当選者を除いた数）に対する比率で換算した議席数から選挙区で得た議席数を引いた数の半数（連動率五十％）を算出する。ただし、これでは多くの党が上限の三十議席を超えてしまうので、この式で計算上得られる全議席数と実際の三十議席の比率を計算し、それを計算上の議席数に乗じるという手順になる。

小選挙区（二百五十三議席）では引き続き大政党が圧倒的に有利となるが、比例数から「選挙区で獲得した議席数を除く」ので、小政党が議席配分で有利になるのだ。

この制度で、現在の政党支持率のまま得票するとすれば、共に民主党や未来統合党は三十議席分の「準連動型比例」では議席を得られないことが予想される。その分、少数政党のほうが議席を得やすい（ただし最低得票率三％または選挙区五議席獲得が必要）ため、今回の総選挙は群小政党の乱立を招く懸念もある。

しかし政権にとって、群小政党は群小である限り利用できるなら利用し、そうでなければ無視すればいいだけだ。政策面で対立する第一野党の議席が減ってくれさえすれば、それで文句なしなのである。

いっぽう、この制度によって最も不利になると見られていた第一野党、旧自由韓国党は、事実上この法案審議に参加していない。そして、成立した選挙制度の隙間をつく着想で対抗しようとしている。比例専用に別の新しい衛星政党を創設し、別個に候補者を擁立、後に行動をともにするか合流するというものだ。選挙区専用の「自由韓国党」に対して、当初は「比例自由韓国党」という党名を検討していたが、政党法上禁止されている「類似名称」に当たるとされて改称。「未来韓国党」として結党された。別の政党となれば選挙区で「自由韓国党」、その後統合した「未来統合党」が獲得した議席数の影響を受けないため、この制度で失うはずだった議席数を奪回できることになる。

文在寅派で固めた与党

続いて、総選挙に臨む各政党、勢力の取り組みとポイントを見ていこう。

与党・共に民主党は、李洛淵前国務総理（首相）を筆頭に、文在寅政権でこれまで閣僚や秘書官、党の要職などを務めていた人物を出馬させる予定だ。

日本でもよく知られている李洛淵前首相は、「次の大統領候補」の世論調査でもここ最近、一位をキープしている。本人が次期大統領選挙（二〇二二年）に出馬するかどうかはわからないが、首相辞任、共に民主党復帰後、選挙対策委員長に就任。自身はソウル中心部・鍾路《チョンノ》区から出馬する。鍾路区には青瓦台や政府庁舎、光化門広場などがあり「政治一番地」という名で呼ばれている。韓国政界では代々大物政治家の代表的選挙区となっていて、前回選挙は丁世均《チョンセギュン》現首相（前国会議長）が、過去には李明博元大統領、盧武鉉元大統領が当選している。なお、同選挙区には未来統合党の黄教安《ファンギョアン》代表も出馬することになり、この選挙最大の注目対決になる模様だ。

ところで、共に民主党の候補者は、李前首相以外にも、文在寅政権で要職を占めていた人たちばかりが目立つ。中央日報日本語版（二〇二〇年一月十九日付）によれば、「中央選挙管理委員会に登録した共に民主党予備候補三百六十七人（十六日基準）のうち、三分の一が「中央官庁の長官・次官、青瓦台参謀、公共機関と地方自治体の幹部出身」だといい、ここまで公職者が相次いで出馬のために辞表を出す前例はなかったという。

同紙は公務を中途で投げ出す点を批判しているが、私はむしろ、前述したように文在寅氏に近い人々で与党を独占するための人材集めではないかと見ている。青瓦台の報道官（スポークスマン）を務め、新年の記者会見でも司会を務めていた元ＫＢＳの女性アナウンサー、高敃廷《コミンジョン》氏も期限直前に辞職、共に民主党に入党して出馬する。

なかでも象徴的なのは、現在検察が捜査中の案件に関係している公職者たちも出馬すると思われる点だ。柳在洙前釜山市経済副市長に対する監察もみ消し疑惑で請託にかかわったと見られている尹建永《ユンゴンヨン》前国政企画状況室長のほか、蔚山市長選挙介入疑惑でも、関与が疑われている宋炳元《ソンビョンギ》蔚山副市長や黄雲夏《ファンウンファ》元蔚山地方警察庁長官が共に民主党からの出馬を予定している。文政権は、彼らが疑惑に対して無関係だと示したいのかもしれない。そして当選すれば、禊《みそぎ》になると考えているのだろう。

そして、文大統領の後継の本命と見られていた任鍾晳《イムジョンソク》前青瓦台秘書室長は、かねてから今回の選挙出馬が取り沙汰されていたが、一九年十一月に総選挙不出馬と政界引退を表明。「今後は再び統一運動（任氏こそＮＬ系運動家の代表的人士であり、親北朝鮮派とされる）に邁進したい」と宣言して周囲を驚かせた。「五八六世代の代表として世代交代を促しているのでは」という解釈も聞かれた。

しかし、任氏は二〇年になって再び共に民主党の政策放送演説で講演している。「同党指導部からも出馬を促されている」という説も流れている。ちなみに、任氏は青瓦台の蔚山市長選介入疑惑において、被疑者の身分で検察の聴取を受けている。

ところで、共に民主党の選挙公約は、やはりバラマキ中心と見るべきだろう。第一号公約はすでに述べた「全国無料Ｗｉ‐Ｆｉ」であり、これはあまりに反応が悪かった。その後、「二二年までに時価総額一兆ウォン以上のユニコーン企業（ベンチャー企業）三十社を育成」など、「青年・新婚夫婦向けの都市住宅十万戸供給」「歩行者や子どもの交通安全強化」「文化・アートへの支援強化」「毎週最終金曜の定時前退社」など、対症療法的で俯瞰的、長期的視点のない政策が目立つ。

中道・保守統合勢力の対抗策とは

いっぽう、文在寅政権に敵対する保守陣営の動きにも注目したい。小選挙区の数は変わらないのだから、現状の政党支持率がそのまま選挙結果に表れるのであれば、多くの選挙区で「政権＆与党vs反政権陣営」の構図を組めない限り、与党有利になる可能性が高くなると懸念されていた。

第一野党だった旧自由韓国党は支持率がなかなか回復しないなか、黄教安代表を先頭に断髪、絶食、座り込みなどの院外闘争やファストトラック案件への抵抗を続けたが、結局、同案件の成立は阻止することができなかった。

身を挺して戦う黄代表の姿に心を打たれる人も少なくなかったが、それがなかなか「反文在寅政権」への思いを結集する方向には進まなかった。

朴槿恵弾劾政局で自由韓国党の前身、セヌリ党を脱党した反朴槿恵派の劉承旼《ユスンミン》氏が結成した「正しい政党」は、大統領選挙後、旧「国民の党」の安哲秀《アンチョルス》氏系議員のグループと合流し「正しい未来党」として活動していたが、ここから再び劉氏らのグループが分離。二〇年一月に「保守の再建」と「若い保守」を掲げた新党「新しい保守党」を結成した。そして、いわゆる「実用保守」を志向し、公正や自由競争の重要性を説きながら、主として若年層へのアピールを図っていた。

いっぽう、李明博元大統領に近い保守系のグループは院外の団体「国民統合連帯」を結成し、保守系各勢力の統合を模索し始めた。わかりやすく言えば、朴槿恵前大統領への考え方を巡って分裂した旧セヌリ党系勢力を、「反文在寅」でひとまずまとめようということだ。統合を探る各党派は「革新統合推進委員会」を設置し、これまでの流れや今後の政策をすり合わせた。これには、若手の保守系政治家として知られる元喜龍《ウォンヒリョン》済州道知事や「正しい未来党」から分かれた「未来へ向けた全身四・〇（前進党）」も加わっている。

劉氏は自由韓国党との統合について条件を出したが、なかでも「弾劾の川を渡る」（＝朴槿恵前大統領の弾劾を認める）という項目が、親朴系の多い自由韓国党の各議員、そしてよりはっきりと朴氏の弾劾無効を訴えている「ウリ共和党」との調整のネックになっていた。

劉氏は大邱《テグ》の人で、もともとは朴槿恵氏の腹心だったが、前回総選挙前の選挙法改正で鋭く対立、いまに至る保守分裂の源を象徴する存在でもある。

親朴系議員にしてみれば、劉氏は「背信者」である。ただし、私も前著で述べた通り、このまま親朴vs非朴で争っていれば文在寅政権の思うつぼだ。そのなかで自由韓国党の黄教安代表は「弾劾問題を総選挙勝利の障害にしてはならない」という考え方を提示することで、新しい保守党との接点を見出し、ウリ共和党を除く形での保守統合が図られる見通しが、総選挙まで三カ月を切った段階でようやく見えてきた。

両党を中心に、投票まであと二カ月と迫った二月十七日、統合新党である「未来統合党」が結成され、ひとまず旧セヌリ党系の大半が「反文在寅」で結集することとなった。かなり遅れたスタートとなったが、今後は政策の打ち出し方、特に文在寅政権には不安を感じているものの、自由韓国党も支持できなかった層をいかに短期間で取り込めるか、内紛が起きないか、などがポイントになるだろう。

安哲秀――帰ってきた第三極

前回総選挙で一躍第三党の座を得た「国民の党」を率いたものの、二〇一七年大統領選、さらに一八年ソウル市長選でも敗れ、政界からも韓国からも一時離れていた安哲秀前議員は、二〇年一月、旧正月を前に一年四カ月ぶりに帰国し、噂されていた自身の総選挙への出馬は否定したものの、文在寅政権を強く批判した。そして「暴走を止める」として新党結成を示唆した。その後はいったん旧所属政党である「正しい未来党」へ戻るが、結局は離党。「新しい保守党」に加わらず残っていた旧国民の党系の議員も続いて離党し、「正しい未来党」は事実上解党状態となった。

安哲秀氏は保守統合の動きもに批判的で、自身を中心とする新党結成を模索。第三極の形成を目指し、新党結成を準備している。同党は三大目標として「小さい政党」「共有政党」「革新政党」を掲げ、「政府と与党の暴走を阻止し、強力かつ合理的な野党のモデルを提示する」としている。

これは結局、前回総選挙における「国民の党」の動きとほぼ同じ（本書執筆時点の仮の党名も同じ「国民の党」）である。四年前は旧来の韓国政界を破壊する動きとして大きく期待されていた安氏だが、その後の情勢の変化が、現在の安氏にどの程度味方をするか、新鮮味と求心力を回復できるかどうかが注目される。

その他では、国民の党の湖南（全羅道）系議員で作られた「民主平和党」、そこから分かれた「代案新党」、そして安哲秀系に去られた「正しい未来党」の湖南系三政党も合併を模索している。ただ、直近の選挙結果を見る限り、全羅道の有権者の多くはすでに共に民主党支持に傾いていると見られ、どこまで勢力を保てるか極めて不透明である。

世代交代は進むのか

今回の総選挙に限らず、韓国の選挙は結局、「中道層、無党派層」と言われる普段は大きな声を上げない「普通の韓国人」がどこを支持するかによって、大勢が決すると見ていい。現在の支持率はおおよそ共に民主党の四割に対して自由韓国党が三割であるが、少なくとも十五〜二十%程度は投票先を決めかねている層がある。保守系、あるいは「反文在寅」陣営としては、彼らの票を取り込めるかどうかが鍵になるが、比較的年齢層が低く、都市部に住んでいる無党派層が保守系を見限ってしまえば、おそらく彼らに棄権されるだけであろう。また、これは直接の選挙テーマではないかもしれないが、革新系、保守系ともに、どこまで候補者の世代交代が進むかにも注目が集まる。

曺国氏に象徴される五八六世代の姿は、若い世代にはどうしても偽善的に映る。ただ「民主化の闘士」を自負している彼らの前では大きな声を上げるわけにもいかず、我慢してきた面もある。かといって、保守系の重鎮議員たちに新しい動きを期待できるかというのも悩ましいところだ。

「反文在寅」側の顔ぶれがいかに新しく、これまでとは違った政策を打ち出せるか、それも単に政権を批判するだけでなく、客観的でデータに基づいた成長戦略、自由と平和を守る外交安保政策を打ち出せるかどうかが運命を分けそうだ。

反対に、政界内での内輪もめは最もネガティブに受け取られる。曺国氏を嫌った「普通の韓国人」たちは、不正、不公平にはうんざりだし、既得権をむさぼる政治家を最も嫌っている。そこには保守も革新もない。汚い政治家と思われればそこまでだし、「政治の世界はすべて汚い」として背を向けられれば、結局与党の自力が勝ることになろう。「反文在寅」側には一層の公正、公平さと、政治を改革し国を清くする熱意と具体的政策が求められるだろう。

今回の選挙法改正では、選挙権の年齢が一歳引き下げられ、満十八歳以上となった。年齢に達している高校生にも投票権が与えられることになり、彼らの動きや考え方がどうなるかも気になるところだ。せめて、彼らが投票したいような政党が複数あってほしいものである。

選挙と新型コロナウイルス

ここにきて、新型コロナウイルスの動きが選挙結果にとって大きな変数になってきた。朴政権の凋落の始まりとなった要因のひとつとして、ＭＥＲＳ（中東呼吸器症候群）への取り組みに失敗したことがあげられる。このため、文在寅政権はこの問題で失点を重ねないよう、真剣に取り組んではいる。しかし、国民の意識はそれ以上の危機感を抱いている。

そうしたなか、文政権の対応はどうかと注目していたら、中央日報から「対応が右往左往している」との追及記事が出た。特に政権内の混乱ぶりを示すのが、度重なる方針の変更である。部署間の連絡を密にし、様々な側面を考慮して方針決定するのではなく、行き当たりばったりの対応に終始しているというのだ。

たとえば、二月三日に丁世均首相が主催した対策会議後に発表された緊急対策には「中国人対象の韓国ビザ中断」「韓国国民対象の観光目的の中国訪問禁止案」が含まれていたのだが、二時間後にはこれを「検討対象」に引き下げている。この措置は国民から強く求められていたにもかかわらず、中国が相手となると優先順位がすぐに入れ替わる。

このように、文政権は中国に対する弱腰姿勢によって万全の対策がとれない憂慮があり、この点については国民からも大いに批判されている。

新型コロナウイルスは韓国にさまざまな困難をもたらしている。特に経済面でダメージが深いことは第三章で述べたが、それが原因で文政権および与党・共に民主党は選挙戦略において強い逆風にさらされる可能性がある。中国への行き過ぎた配慮によって自分の生命と健康を脅かされていることに気づけば、政治に無関心な「普通の韓国国民」もさすがに猛反発するに違いない。

総選挙後――三つのシナリオ

直前になるまでどうなるかわからないのが選挙だから、本書執筆時点でいくら予想をしてみてもしかたのないことだ。

ただ、大きく分ければ、選挙の行方は――

【シナリオ1】与党の勝利＝与党単独または与党＋正義党などで議席の六割を確保
【シナリオ2】野党の勝利＝「反文在寅」陣営で議席の六割を確保
【シナリオ3】現状維持＝政権与党も野党も六割に満たず独力では国会運営できず

以上の三パターンが想定できる。現在の韓国国会では、対立している懸案の場合、賛成が議員の六割に達しない法案は原則として本会議に上程できないため、六割を確保できるかできないかが大きな分かれ目になる。この線を確保できるか否かは、双方の陣営にとって死活問題になる。文字通り、死力を尽くした選挙戦になるだろう。

繰り返すが、基本は小選挙区制であり、現時点では政権がメディアの大半を味方につけ、組織力や宣伝、選挙戦の仕掛けの速さで与党がリードしている。加えて、蔚山市長選挙で見られたように、文政権はいかなる手段を使っても勝とうとするだろう。たとえ不正が暴かれても、守りに強い政権だからである。

その数々の失政にもかかわらず、もしも現時点での世論調査が実態を反映しているのであれば、結果は「シナリオ1」だろう。もっとも、本書で指摘したように世論調査が現状を正しく反映していない可能性があり、このことに政権側が気づいていないかもしれない。世論が急激に変われば「シナリオ2」も考えられる。

また、選挙を前に政権与党と検察の争いは誰の目にも明らかになっている。選挙を前にどこまで検察が踏み込むかは未知数ではあるが、ここまでの流れを見る限り、政権を揺るがしかねない不祥事が浮上する可能性もある。

では、選挙後の韓国、そして日韓関係がどうなるのか、シナリオごとに予測してみる。

【シナリオ1】与党系の勝利＝大韓民国の終焉

あまり想像したくないが、与党または親文在寅政権的政党で六割を超えた場合は、いよいよ韓国は「独裁」の完成段階へと向かうだろう。

すでにチェック・アンド・バランス機能の大半を失ってしまった韓国で最後まで抵抗していたのは、検察と保守系メディアである。検察との対立は選挙前から明らかで、そのうえ選挙勝利という「有権者からのお墨付き」を得たとすれば、七月に予想されている公捜処の導入、検察と警察との捜査権調整と併せ、検察を事実上無力化するだろう。動き出した公捜処は、公然と反政権側の「高位公職者」を取り締まる「政治検察」と化すだろう。

そして、保守系メディア、とりわけ朝鮮日報系メディアにも何らかの「攻撃」が加えられるのではないかと予測する。企業経営に公然と労働組合側が介入する戦術も始まるだろう。また、北朝鮮への接近はさらに積極化し、制裁に触れるリスクがあっても実行するケースが出始めると思われる。反日は当然として、それまでにしていなければ、当核日本企業の資産現金化も強行するだろう。また、機会を狙って思い切った反米、離米政策も動き出すに違いない。輸出管理にかこつけて、日本とのＧＳＯＭＩＡも破棄するかもしれない。中国はこのタイミングで対韓政策を一時的に緩めてくることが考えられる。

まさかと思うかもしれないが、この時点で文在寅勢力の「謀略」に気づいても手遅れである。政権をチェックするセクターがもはやないからだ。反対に政権側から見れば、この時点で支持層以外が「ゆでガエル」になっていることに気づいても構わないわけだ。

こうして、次期大統領選挙での勝利、革新政権の継承、その「永続」に向けての動きが盤石化するだろう。

一言で言えば、それは自由と繁栄を信じて成長してきた大韓民国の「終焉」である。ただ、私はこのシナリオになる可能性はそこまで高くないと信じたい。ここまでの政権運営を見て、すんなりと与党系が勝てるかどうか疑問が残るからである。

【シナリオ2】「反文在寅」陣営の勝利＝検察の逆襲

政権運営に異を唱える反文在寅勢力が六割を握れば、文政権はこれまでのような強引な政治はできなくなるだろう。そして、国民の反文在寅の動きはより活発になる。しかし、文政権は守りに強い政権である。政権基盤が多少弱くなってもそれが直ちにレームダックとなるのか、反抗が始まるのか予断を許さない。

反文在寅側にはさまざまな立場も違いもあるだろうが、少なくとも現在の状況よりは協力が進むであろう。まずは検察の動きであるが、最後まで法に則って青瓦台の不正追及を完遂させることを目指すだろうし、「検察改革」についても白紙化を進めるであろう。六割を握っている以上、再度法案を出して元に戻せばいいのだ。

そこで、文在寅政権の最後の反抗がどうなるか。人事権は政権側が握っている。政権に反対する検事は要職から外そうとするだろう。経済的には労働組合の力を強化し、革新政権の経済運営を次期政権以降にも生かす道を探るかもしれない。

ただ、内政的には反対派の勢いが増し、動きが取りにくくなるはずだ。そうなれば、北朝鮮との関係改善に活路を見出すかもしれない。その場合、北朝鮮への制裁をなし崩し的に無力化することを目指し、北朝鮮の気を引こうとするのではないか。

そんなことをすれば、当然、米国との関係は難しくなる。しかし、文政権ならば、それを機にむしろ米国と離間したほうがいいと考えるかもしれないし、米韓同盟を弱体化させることに利を感じるかもしれない。

文在寅政権側が内政的に復活する道は険しい。もともと政策運営はうまくいっていない。経済が回復すれば道はあるかもしれないが、文政権では困難である。

さらに、検察は文政権の不正を一層厳しく追及するに違いない。曺国前法相ばかりでなく、文政権も「これまでの政権と何ら変わりなく不正が行われている」と言われているので、どこから何が飛び出すかわからない。というより、政権の主流を政治活動家が占め、政権ぐるみで不正を働いている可能性もある。捜査は公平に行われるだろうから、ここまで列挙してきたさまざまな疑惑に対して結論が出されるだろう。さらに、これまで表に出なかったスキャンダルが浮上する可能性もある。

併せて、選挙に負けた政権の常として、与党内からの離反にもさらされることになる。これも朴槿恵前大統領がわかりやすい例と言える。上がり目のない文在寅政権、あるいは文在寅系の「自主派」からは距離をおく勢力が力を回復するだろう。しかし、文政権の幹部が次期政権で拘束訴追されることを見越して、政権に加わる人はいないだろう。

ただ、弾劾の可能性について日本では期待を込めてよく言われるが、簡単には結びつかないと思う。弾劾は国会の三分の二の賛成がなければ発議できず、現状ではなかなか想定しにくい。もし訴追発議ができたとしても、審理する憲法裁判所は与党系の左翼判事が過半数を占めているため、よほど誰の目にも明らかな理由がない限り、訴追は棄却されてしまうだろう。

【シナリオ3】現状維持＝機能不全

双方とも六割に達しなかった場合は、国会運営に関しては現状維持、つまり機能不全状態が継続することになり、大統領の強引な政策運営に対する野党系の抵抗で、内政の膠着状態が常態化し、二二年の大統領選挙まで、引き続き激しい争いが続くだろう。

結局、各政策分野に関しても大きな動きがとれないまま、経済も外交安保も悪化の一途をたどるに違いない。今回の選挙ではまだ大きな形にはならなかった若い世代（四十代以下）による政治参加、政治改革の動きが高まるのではないか。

日本の隣国が国粋主義化する悪夢

日本の対応としては、【1】の場合はもはや韓国を相手にせず、経済的にも外交安保上も韓国のレッドチーム入り、日本への一層の強硬姿勢、文政権以降も困難が予想される日韓関係を前提に、対朝鮮半島戦略の再構築を考えざるをえなくなる。【2】の場合は、ここまでこじれにこじれてしまった日韓関係を新政権樹立後にどう転換していくか、保守系の人々との関係強化を通じ、検討を始めるべきだろう。【3】の場合はこれまで同様、政権とは最低限の交流を続けつつ、民間、韓国国民に対してはより丁寧に対応することがポイントになるだろう。

いずれにせよ、落としどころは「文在寅の次」を考えることができるのか、文在寅氏のような革新系大統領が再び出てきた場合、日本はどう朝鮮半島と向き合うのか、難しい選択を迫られる。文在寅政権には、日韓関係どころか米韓関係すら重視する考えがない。このような国益無視の、非現実的な路線を歩む政権とどのような話をしても究極的には無為である。

日韓関係を改善できるか否かは、韓国政府が歴史問題で対日強硬姿勢をとる人々に振り回されず、「六五年の合意の価値」を自覚し、日本と共有できるどうかにかかっている。日本の朝鮮半島統治について、韓国では『反日種族主義』という本がベストセラーになった。このこと自体画期的であり、日韓の歴史をより公平に見直すきっかけとなってくれればいいと思う。

日本は統治時代に古い朝鮮王朝の社会を変え、「開発」に尽くしたことは事実だ。インフラをしつらえ、教育を施し、結果的に経済を成長させた。ただ、日本が長い目で朝鮮半島を自国の利益のために活用しようとした面は否定できず、何も韓国のためだけを思ってやったわけではないのだ。したがって、日本人が韓国に「感謝しろ」と言うのは控えたほうがいい。いまそれを言う日本人はほとんどいないと思うが。

これは事実がどうだったとかいう話ではなく、プライドとデリカシーの問題であり、それを言えば韓国人は反発するだけで生産的ではない。

他方、韓国側が言う「日本統治不法論」で日韓関係の根本をひっくり返すことが正しいのかどうか。これについては、六五年の交渉以前もその後も、韓国は一度も「日本の統治が合法だった」とは言っていない。保守政権であろうと革新系であろうと、今後、誰が大統領になっても同じだろう。

では日本はどうかと言うと「日韓併合は国際法上合法であり、国際社会から承認を得たもの」としている。したがって、当時の政策、そしてその結果起こったことに対して「お詫びの気持ち」はあっても「不法行為」だとはけっして認めることはない。これもまた一貫して不変であり、これからも変わることはない。今後とも、日本の政権が韓国側の論理で「徴用工問題」で妥協し始めたら、日本の有権者はその政権を見放すであろう。

韓国人にはなかなか理解してもらえないのだが、いまの日本は「嫌韓」ということではなく「国際法や二国間の約束を守らない文在寅政権」そして「政権を支持する韓国人」に対して不信感を強めているのである。

ひとりの元外交官として申し上げておこう。いま韓国が行っている対日外交は、国際社会の総意である「条約、協定、合意といった二国間の約束事を尊重する」という当たり前の原則を、「相手が日本だから」というだけの理由で無視している。この繰り返しを見ている第三国は、はたして韓国との約束を信じることができるだろうか。韓国はもうそろそろ、自分で自分の「品格」に泥を塗っていることに気づくべきだし、そこに配慮しない政権にはダメ出しをするときが来たのではないか。

文在寅政権を支持するかどうかは別として、「日本人はもともと歴史問題について率直に非を認めない」との思いが多くの韓国人のなかにはあるだろうが、それは彼らが日本の反省や謝罪を率直に認めてこなかったからでもある。多くの日本人は「異論はあってもさまざまな取り決めを結んで守ってきたのに、それを破る韓国側は不正義だ」と考えている。

お互いの立場を認めるということは、先入観を捨て、相手の立場に立って考えるということである。

ここで、もう一度六五年に戻る。日韓基本条約、そして請求権協定の価値とは「話し合っても絶対に妥協できないこと」について「妥協できないお互いの立場を尊重した」ことにあるのだ。それは双方にとって納得のいかない結論だったが、その代わり、そうした前提で成し遂げた合意によって、日本の支援があり、韓国の経済発展があり、日韓関係が深まり、いまに連なっている。

私たちは六五年当時の流れを再確認するべきである。「正義」を巡る争いは普遍性を見出せない。やがて病的となり、エネルギーばかりを浪費し、何ら生産しないまま自らを蝕《むしば》んでいく。韓国人はその事実をもう一度見つめ直すべきだ。

日韓関係がここまでこじれたまま、その改善に失敗すれば、どのような酷い未来が待っているかわからない。残念な話ではあるが、最後まで韓国側を認めていた防衛関係者ですらも、文在寅政権以降、彼らへの信頼度が急降下したはずである。文在寅支持派のような左翼国粋主義的勢力が韓国を「制圧」してもいいのか、韓国人はいま一度自問してほしい。

経済が崩壊するのが嫌なら、自由を守りたいなら、レッドチームへ行きたくないのであれば、立ち止まるのはいましかない。

誰もが信じられる「公正、公平」を求めて

現状、親日批判を恐れずに対日政策を転換できるのは大統領しかいない。これまで直面してきた難局はすべて、大統領の決断によって動かしてきた。韓国とはそういう国である。

本当は誰もが腹を立てている。就任式では「自分を選んでくれなかった人も含めすべての皆様のための大統領になる」と演説しながら、積弊の清算に固執し、国論の分裂を激化させてきた文大統領、口では立派な正義を唱えながら、国際法も守らず「公正、公平」という意識のない既得権者たち、陣営の論理に染まることでしか国の未来と正義を語れない政治家や活動家、自分たちの利益のためならどのようなことでも正当化する利益集団……そこから弾かれた人たちは、努力するチャンスすらないまま日々を過ごすことになる。

「保守か革新か」というのは、長年韓国で問われ続けてきた選択肢である。だが、事がここまでに至ってしまうと、韓国という国の立ち位置をどのように考えるか、いま一度立ち止まって考える必要がある。

曺国氏の事件に「普通の韓国人」は怒った。勉強に忙しい高校生も、苦労して教育費を出す親も腹を立てて光化門に向かった。結果、曺国氏は引っ込み、デモは落ち着いた。それでよかったのだろうか。そこまでで納得できるのだろうか。

この一年で見えたことは、「我こそは正義」と声高に叫ぶ人たちに惑わされず、誰もが信じられる「公正、公平さ」を構築する――それが韓国にとって最重要なポイントだということではないだろうか。この線が担保されていない限り、力を握っている者が「正義」を独占し、勝手に「公正」も「公平」も定義してしまう。声を上げられない人は、それがウソだとわかっていても黙らざるをえない。

対立のための対立、組織や仲間のためだけの行動をやめ、本当に個人個人が能力を伸ばして幸福を追求でき、その結果、国が成長していくという、そんな韓国を見られる日がきてほしい。

次期大統領に尹検察総長を推す

この問いを現実的に置き換えると、「人格が清廉高潔で、法令をきちんと守り、バランス感覚がよく、中道層から広く左右までを納得させられる、現実主義重視の大統領候補者は誰か？」ということになる。

次期大統領候補として、李洛淵前首相が人気だという。李元首相は立派な人物である。だが、本当に文在寅氏の後を継ぐような立場で居続けられるのだろうか。金大中氏の系列から出てきた人だし、もともと政治家ではないため党内基盤も薄い。国民的な人気がある点だけをうまく利用されないか心配になる。

また、大統領候補の二位以下を見ると、黄教安氏、李在明京畿道知事《イジェミョンキョンギド》、帰国した安哲秀氏……どの候補者も、力強く大統領選挙を勝ち抜けるような、誰もが将来を託せるような勢いを感じない。

思えば二〇一二年、文在寅氏に僅差で勝利した朴槿恵前大統領は、ある種の「誰にでも信じられる高潔さ」を持っていた人物だった。それがあのような結果になってしまったことは、何よりも本人が最も悔しく、辛い思いをしているだろう。

そんなことを考えているうち、ある仮説を思いついた。

もしいま、文在寅大統領が尹錫悦《ユンソギョル》検察総長を解任したらどうなるだろうか。尹総長は市井の人になるか弁護士になるか、そのどちらかだろう。だがその後、尹氏が「最後の仕事として、保守でも革新でもない、公正、公平実現のための国民政党を作る」と宣言したらどうなるだろうか。相当数の人が強い期待とともに、尹氏のチャレンジを支援し、「誰でも信じられる社会正義の構築」を彼に託そうとするのではないだろうか。保守をまとめ、中間層からも支持される人物と言えば、尹氏が最も相応しい。

そして、おそらく文在寅政権はこのシナリオを恐れている。だからこそ、これまで枢要な検事のクビは切っても尹総長のクビだけは切らなかったのだろう。いや、切れなかったのだ。もしもこれが現実となったら、文在寅系の左翼政権は終わりかねないからだ。

しかし、尹総長の任期は文大統領より早く終わるので、次の大統領選挙の前には確実に総長ではなくなっている。ならば、彼が大統領に立候補することを期待する。

おそらく大韓民国の憲法を遵守し、法令に則って行政を運用するだろう。数々の政治家の汚職、権力者の犯罪を見てきた経験から、社会悪を一掃することも望まれる。彼は保守でも革新でも、不正をしたものには徹底したメスを入れるからだ。

尹氏は性別も年齢も、貧富の差や地域の違いも超え、相当数の人が信じられる候補になるのではないだろうか。かつて保守政権に左遷され、文在寅政権に呼び戻されたのに、いま再び手足をもがれながらも踏みとどまる姿を誰もが見ている。党派性の薄い中道層、無党派層は飛びつくはずだ。

「尹錫悦は結局組織としての検察を守りたいだけなのだ」「検事出身の黄教安と通じて政権を攻撃しているのだ」と非難する人がいるが、そんな批判が出ること自体、少なくとも文在寅政権と尹総長のどちらが信じられているかを証明している。尹総長を抜擢したのは文在寅政権である。

この人なら信じられる

すると、私と同じことを考えている人たちがすでにいたのだった。韓国ギャラップが二〇二〇年一月十七日に行った次期大統領調査の結果、求められる人物の名前として「尹錫悦」とした人が全体の一％を記録したのだ。

そして、旧正月明けの同三十一日、世界日報がリサーチ・アンド・リサーチ社に依頼した同様の調査では、「尹錫悦」の名前をあらかじめ入れたところ、李洛淵元首相（三十二・二％）に次ぐ第二位（十・八％）にランクされたことが伝えられた。これには驚きと戸惑いの声が上がった。「そういう選択があるのか」という意外性や期待、「現在捜査に当たっている総長が政治家になっていいのか」という疑問、そして政界からは「自分たちに大きな影響を与えかねない」との指摘もあった。

中央日報（同年二月二日付）によれば、尹総長は「検察総長は政治をしてはならない」、同種の調査について「今後、自分の名前は候補者から外してほしい」と要請したという（大検察庁関係者の談話）。これもまた、実に尹総長らしい反応である。だからこそ人気があるのかもしれない。「検察は政治から独立し、中立でなければならない」という原則のために奮闘しているのが尹総長だからだ。

本人に政治的野心があるかのように伝えるのは、不適切としか言いようがない。また、ただでさえ検察に手を焼いている政権は、これを元に捜査を批判してくることも考えられる。尹総長の本音は誰にもわからない。少なくとも検察総長である限り、政治とは大きく距離を置くべきであろう。ただ「普通の韓国人」の目には、即座に否定する尹総長だからこそますます信じられる、ということになるのではないだろうか。

清廉潔白で、正義感とリーダーシップがあり、公正公平のために何があろうと戦う硬骨漢。この人が言うことなら信じてみようと思える人物。それが、現在の韓国が最も必要としている指導者であろう。

少し勇み足をすれば、経済政策や外交安保政策で、才能のあるブレーンをいかに引き込めるかがポイントになるのではないか。そして、もし本当に、最後の仕事として尹錫悦氏が大統領になる気持ちがあるのであれば、それは最後の最後まで胸にしまい、最高のタイミングで表に出すことを考えてほしい。もちろんそれは茨の道だろうが、韓国を救う最善の道であるような気がする。

おわりに

四月の総選挙がどうなるかは、執筆時ではわからない。文在寅氏の謀略がついに完成するかもしれないし、その計画は頓挫するかもしれない。もしかしたら、あっけなく崩壊するかもしれない。

この三年あまりは、文在寅政権の弊害を認識するには十分な時間だったと思う。だからこそ、ぜひその先の課題として現行第六共和国憲法を改正し、強すぎる大統領の権力を分散することを考えてほしい。

任期五年で再選なし。しかし強力な権力を持っている韓国の大統領制度は、歴史的な経緯があってそうなっている。だが、再選できないことが政権のレームダックを長くし、同時に国政が沈滞する原因にもなる。

また、旧勢力を攻撃していた現勢力が今度は反対に攻撃される事態も頻発する。政策としての妥当性、合理性、連続性よりも、私怨や感情、党派の論理がまかり通る温床になっている。文在寅政権は憲法に規定された法令によって選ばれた。しかし彼らは、このシステムをいかに乗っ取って違う国にするかに専念し、知恵を絞って実行してきた。

問題は、政局、政争としてそれがいかにドラマチックであったとしても、先進国となってなおさまざまな課題を抱えている韓国にとって、政治における摩擦の強さ、チェック・アンド・バランスの欠如、分断とその背景にある腐敗した仲間意識が国民の幸せと国際競争力を削ぐコストにしかなっていない点であろう。

尹錫悦総長が「検察総長は政治をしてはならない」と言うのは当然である。同時に、検察改革が政治の主要な課題になるという社会もまた異様である。

権力の集中が腐敗と癒着を生み、それを隠すためにまた権力を使う。その繰り返しについては、いままでの韓国では残念ながら保守も革新も関係なかった。韓国の病巣は、強力すぎる大統領の権限にあるのだから。

もしも尹総長に大統領になる気持ちが少しでも芽生えたら、法律家として、そして公正と公平を全力で守ってきた人として、どのような法制度の設計が国民の力を最も平等に発揮させ、韓国を成長させられるのかを、スクラップ・アンド・ビルドしてほしいものだ。

そして、一人ひとりが信じられる社会正義を構築するのは、結局は個々の国民、「普通の韓国人」である。笑顔の裏に隠れた謀略は、もはやすべて見えた。これを止められるのは「普通の韓国人」しかいない。自分の声は小さいと怯《おび》えている場合ではない。いま目覚めなければ、二度と声を上げられる機会はやってこないかもしれない。そんな事態だけは避けてほしいものだ。

これから韓国は、文在寅政権のような、無能でありながら自らの正義を過信して疑わない政権がすべからくチェックされ、審判を受けるような仕組みを作ってほしい。そして、自らのために「反日」を利用するのはもうやめて、普通の国として日本とウィンウィンの関係を築いてほしい。その先には、経済成長、国際協調、そして揺るぎない日韓双方の幸せが待っていると期待する。

二〇二〇年二月　元・在韓国特命全権大使　武藤正敏

武藤正敏 むとうまさとし

1948年生。東京都出身。横浜国立大学卒業後、外務省入省。韓国語研修の後、在大韓民国日本国大使館勤務。参事官、公使を歴任。前後してアジア局北東アジア課長、在オーストラリア日本大使館公使、在ホノルル総領事、在クウェート特命全権大使などを務めた後、2010年、在大韓民国特命全権大使に就任。2012年退任。著書に『日韓対立の真相』『韓国の大誤算』『韓国人に生まれなくてよかった』『文在寅という災厄』（以上 悟空出版）などがある。

文在寅の謀略 —すべて見抜いた—

悟空出版

二〇二〇年三月十日　初版第一刷発行
二〇二〇年三月十六日　初版第二刷発行

著者　武藤正敏
編集人　佐野之彦
発行人　佐藤幸一
発行所　株式会社悟空出版
〒一六〇-〇〇二二　東京都新宿区新宿二-三-一一
電話　編集・販売：〇三-五三六九-四〇六三
ホームページ https://www.goku-books.jp
装幀　四方田 努
印刷・製本　中央精版印刷株式会社

Printed in Japan ISBN 978-4-908117-71-8